Manfred Siebald

Nehmt einander an

Das Buch zur Jahreslosung

SCM

R.Brockhaus

SCM

Stiftung Christliche Medien

Der SCM-Verlag ist eine Gesellschaft der Stiftung Christliche Medien,
einer gemeinnützigen Stiftung, die sich für die Förderung und Verbreitung
christlicher Bücher, Zeitschriften, Filme und Musik einsetzt.

MIX
Papier aus verantwor-
tungsvollen Quellen
FSC® C006701
www.fsc.org

© 2014 SCM R.Brockhaus im SCM-Verlag GmbH & Co. KG
Bodenborn 43 · 58452 Witten
Internet: www.scmedien.de; E-Mail: info@scm-brockhaus.de

Soweit nicht anders angegeben, sind die Bibelverse folgender Ausgabe
entnommen:

Lutherbibel, revidierter Text 1984, durchgesehene Ausgabe in neuer
Rechtschreibung, © 1999 Deutsche Bibelgesellschaft, Stuttgart.

Weiter wurden verwendet:

Neues Leben. Die Bibel, © der deutschen Ausgabe 2002 und 2006
SCM R.Brockhaus im SCM-Verlag GmbH & Co. KG, Witten.

Bibeltext der Neuen Genfer Übersetzung - Neues Testament und Psalmen
Copyright © 2011 Genfer Bibelgesellschaft
Wiedergegeben mit freundlicher Genehmigung. Alle Rechte vorbehalten.

Umschlaggestaltung: Provinzglück GmbH · www.provinzglueck.com
Satz: Christoph Möller, Hattingen
Druck und Bindung: CPI – Ebner & Spiegel, Ulm
Gedruckt in Deutschland
ISBN 978-3-417-26611-5
Bestell-Nr. 226.611

Inhalt

Worum es geht

Unter den vielen Postern, die den Treppenflur des evangelischen Gemeindehauses schmücken, gibt es eins, auf dem zwei Tiere in kuscheliger Nähe zu sehen sind: Ein schwarzer Hund unbestimmbarer Rasse liegt auf einem karierten Teppich; an ihn schmiegt sich ein weißes Kätzchen mit geschlossenen Augen. Zu allem Überfluss leckt der Hund der Katze noch zärtlich das Fell. Einfach rührend, dieses Bild. Aber ist das die Regel? Dass man so etwas in der Wirklichkeit nicht sehr oft sieht, verrät ja schon unsere Sprache, wenn wir sagen: »Die zwei sind wie Hund und Katze.« Damit wollen wir meist ausdrücken, dass zwei Menschen unterschiedlich sind, dass sie sich nicht mögen und dass sie bei jeder Gelegenheit instinktiv aufeinander losgehen.

Warum hängen wir solche Bilder auf? Sollen sie uns zum Staunen bringen, oder zum Schmunzeln oder Lachen? Wollen wir uns damit aufrütteln und animieren: Na bitte – es geht doch auch anders? Wenn sogar Tiere es schaffen, nett zueinander zu sein, sollten wir Menschen uns dann nicht einfach ein bisschen mehr Mühe geben?

Gebellt und gekratzt wird in unserer Welt ja nun wirklich genug. Dass es in der Völkergemeinschaft und in unserer Gesellschaft mit der gegenseitigen Annahme von Einzelnen und Gruppen nicht zum Besten steht, muss man nicht erst beweisen. Und die jeden Tag von den Medien gemeldeten rassistischen Übergriffe und Verbrechen und auch die vielen unter dem Deckmantel der Religion begangenen menschenverachtenden Gewalttaten sind nur die Spitze des Eisbergs. Unter der Oberfläche der Öffentlichkeit gibt es die täglichen Reibereien, die Verleumdung, das Misstrauen, das Mobbing und die Missgunst. Sieht man einmal von den Menschen ab, die Auseinandersetzungen förmlich suchen und erst im Streit zu großer Form auflaufen, sehnen wir uns deshalb alle nach einem Zustand der Harmonie und des Friedens.

Mitten hinein in diese unheile Welt und in unsere Sehnsucht nach einem heilen menschlichen Miteinander sagt die Jahreslosung 2015: »Nehmt einander an, wie Christus euch angenommen hat zu Gottes Lob« (Römer 15,7). Ist dieser Satz etwa auch nur so ein vager gefühlsmäßiger Appell, nett zueinander zu sein – wie der Hund und die Katze auf dem Poster? Passt er in jede Lebenslage, und gilt er für jede menschliche Gemeinschaft?

Es gibt Gründe genug, einmal in Ruhe darüber nachzudenken, warum die knapp 2000 Jahre alte Jahreslosung für 2015 so aktuell ist. Dieses Buch überlegt deshalb zunächst einmal, was uns hindert – und auch, was uns hilft –, einander vorbehaltlos anzunehmen, und ob wir vielleicht vor vergleichbaren Herausforderungen stehen wie die römischen Christen im 1. Jahrhundert, zu denen der Apostel Paulus den Satz vom Einander-Annehmen zuerst sagte. Im zweiten Teil kommt dann eine ganze Reihe von Gestalten aus den Evangelien zu Wort, die von ihren heilsamen Begegnungen mit dem Rabbi aus Nazareth berichten und davon, wie er sie angenommen hat. Anschließend geht es um die Frage, welche

Chance eigentlich darin liegt, andere »zu Gottes Lob« anzunehmen, und unser Nachdenken schließt mit ein paar Mut machenden Beispielen dafür, wie das Miteinander gelingen kann.

»Nehmt einander an«

Eine nur scheinbar leichte Übung

Gehört es nicht eigentlich zum Grundbestand menschlicher Umgangsformen, dass Menschen einander annehmen? Unser Zusammenleben in einer Demokratie wird getragen von der Bereitschaft, die Unterschiedlichkeit von Bürgern, Gruppen und Nationen zumindest zu akzeptieren, wenn nicht sogar als Reichtum zu schätzen. In der Theorie ist durchaus klar, dass die Mehrheiten auf die Minderheiten, dass die Starken auf die Schwachen Rücksicht zu nehmen haben.

Aber schaffen wir das wirklich? In der Praxis des Alltags sieht das oft anders aus, wie Ingo Cesaro in einem Gedicht angemerkt hat:

Enttäuschung

Bei seinem Eintritt
in den Sportverein
sprach der Vorsitzende von
besonders starker
Kameradschaft
Freundschaft
Hilfsbereitschaft

und dann liefen sie ihm alle
schon
beim ersten Trainingslauf
davon.

Es ist ebenso populär wie einfach, globale Ratschläge und Empfehlungen nach der Melodie »Seid nett zueinander« zu verteilen. Allzu leicht sind sie aber so generell, dass sie sich im Alltag nicht bewähren. Wie sagte Linus in einem der Peanuts-Cartoons so schön: »Ich liebe die Menschheit. Ich kann nur die Leute nicht ausstehen.« Der Theologe Adolf Köberle hat das einmal so ausgedrückt: »Es gibt eine verschwärmte Feindesliebe, die nicht viel kostet. Die Kaiserin von Japan ist mir unendlich sympathisch, weil sie so herrlich weit weg ist. Mit dem Du in Nachbarschaft, Beruf und Familie dagegen lebt man in Widerspruch und Widerstreit.«

Warum denken wir, es sei leicht für Menschen, einander anzunehmen? Eventuell, weil wir dabei im Stillen annehmen, von uns aus sei ja eigentlich alles in Ordnung, denn unser Reden und Tun sei voll im grünen Bereich. Mit hintergründiger Ironie hat das Hans-Joachim Eckstein so ausgedrückt:

> Wir wissen um den hohen Wert
> von gegenseitiger Anerkennung
> und Rücksichtnahme.
> Deshalb fordern wir
> die Selbstlosigkeit anderer
> auch so konsequent ein.

Sehr oft denken wir tatsächlich, es seien die anderen, die sich ändern und sich auf uns zubewegen müssten. Und wenn wir ehrlich sind, finden wir uns doch alle in der alten jüdischen Geschichte wieder, die uns Shmuel

Lacohen erzählt hat: Zwei Rabbis unterhielten sich über ihre Diener. »Wie viele Diener hast du?«, fragte Rabbi Aaron aus Tschernobyl seinen Kollegen Rabbi David Mosche aus Tschortkow. »Fünf«, sagte der. Und er zählte ihre Pflichten auf: Der eine hielt Wache vor seinem Studierzimmer, der zweite sorgte für die Unterbringung der Schüler, der dritte hielt das Haus rein, der vierte machte Besorgungen, und der fünfte bereitete die Reisen vor. »Und wie viele Diener hast du?«, wollte Rabbi David Mosche jetzt wissen. »Ich hab sechs, und fünf davon haben genau dieselben Aufgaben wie deine Diener.« – »Und der sechste?« »Oh, er ist der wichtigste von allen. Er steht den ganzen lieben langen Tag hinter mir, und jedes Mal, wenn ich etwas sage, murmelt er andächtig: ›Wunderbar, einfach wunderbar.‹«

Wenn es so einfach wäre, dass sich die anderen uns bereitwillig anpassten, brauchten wir die Jahreslosung gar nicht. Aber so, wie wir uns das wünschen, läuft es ja nicht. Nicht nur, dass wir keineswegs immer richtig handeln und reden – die anderen sind auch nicht ohne Weiteres bereit, uns in allem zuzustimmen.

Hindernisse auf dem Weg

Warum ist es so schwer, einander anzunehmen? Nicht unbedingt, weil es uns an gutem Willen fehlt, aber vielleicht, weil wir es nur unter der Bedingung tun, dass die anderen auch uns selbst annehmen. Oder weil wir zu oft ganz bestimmte Wünsche und Erwartungen in andere hineinprojizieren. Möglicherweise einfach, weil wir unser eigenes Temperament und unsere Vorurteile für die Norm halten. Weil wir uns zu leicht von Einflüssen steuern lassen, die ich die fünf Gs nennen möchte: Gemüt, Geltung, Geschmack, Gewohnheit, Gewichtung.

Gemüt

Meistens fallen uns inhaltliche Gründe ein, wenn wir versuchen, menschliche Konflikte zu verstehen: Wo unterschiedliche politische Programme, wissenschaftliche Theorien oder religiöse Überzeugungen aufeinandertreffen, gibt es unserer Erfahrung nach oft Reibereien oder sogar handfesten Streit. Wir sollten uns aber zunächst einmal ganz nüchtern der Tatsache stellen, dass wir alle von unserer Veranlagung und unserer Erziehung her unterschiedliche Persönlichkeiten und Temperamente haben (ich benenne das einfach mal mit dem alten Wort »Gemüt«). Das haben mich zum Beispiel die zwölf Jahre gelehrt, die ich im Kirchenvorstand unserer Gemeinde mitgearbeitet habe. Oft haben wir uns an theologischen oder sachlichen Themen festgebissen und ich habe erst hinterher gemerkt, dass uns eigentlich nur Temperamentsunterschiede trennten. Das fing bei der Tagesordnung an. Die eine wollte ein Thema unbedingt noch am selben Abend zur Abstimmung bringen – weil sie eine zupackende, zielorientierte Persönlichkeit war –, der andere stemmte sich dagegen und bestand auch nach längerer Diskussion noch auf einer Vertagung – weil er ein vorsichtiger, kritischer, abwartender Mensch war. Inhaltlich lagen beide gar nicht so weit auseinander. Und das gleiche Muster wiederholte sich dann noch mehrere Male während der Sitzung.

Psychologen können uns dabei helfen, unsere eigenen Persönlichkeitsstrukturen und die unserer Gesprächspartner zu entdecken. Reinhold Ruthe etwa lenkt unseren Blick auf Typen und Temperamente und spricht von vier grundlegenden Persönlichkeitsstilen: Die »schizoide« Grundstruktur lässt Menschen nach Unabhängigkeit streben, sachlich denken und eher zurückgezogen leben. Die »depressive« Struktur macht Menschen harmoniebedürftig und kooperativ und lässt sie dauernde Beziehungen suchen. Die »zwanghafte« Struktur macht gewissenhaft, gerecht, beständig und ernsthaft, aber sie führt auch zu Pedanterie, Geiz und Sauberkeitsfanatismus. Von der »hysterischen« Struktur sagt Ruthe, dass sie zu Optimismus und Selbstsicherheit führt, zu Spontaneität und Großzügigkeit, aber auch zu Flatterhaftigkeit und Geltungssucht. Da alle diese Strukturen in jedem von uns vorkommen, sind sie oft nicht sauber voneinander zu trennen, sondern bilden manchmal schwer zu berechnende Mischungen. Ein ehrlicher Blick in das eigene Leben und auf die eigenen Gemütslagen kann aber schon einmal ein erster Schritt zu einer realistischen Selbsteinschätzung sein.

Psychologen können uns auch helfen, persönlichkeitsabhängige Konflikte zu verstehen und dann auch zu entschärfen, indem wir unsere Verhaltensmuster ändern. In ihrem Buch *Der ganz normale Wahnsinn* geben zum Beispiel die Psychologen François Lelord und Christophe André einen Überblick über die verschiedenen Typen von Menschen, die wir gewöhnlich als schwierig empfinden. Als »schwierig« bezeichnen sie eine Persönlichkeit, »wenn bestimmte Züge ihres Charakters zu markant oder zu verfestigt sind, den Umständen schlecht angepasst, sodass das Individuum selbst oder ein anderes darunter leidet (bzw. alle beide).« Unter anderem lässt sich beobachten, dass manche Menschen zu ängstlich sind, sich sogar ständig verfolgt fühlen, zu sehr in die eigene Person verliebt oder zu theatralisch sind, zu verschlossen oder zu selbstkritisch, zu pessimistisch oder zu sehr von anderen abhängig – und auch, dass viele Menschen ihre Siege dadurch erringen, dass sie jede Kooperation verweigern. Alle diese Eigenschaften können das Verhältnis zwischen Menschen belasten oder sogar auf Dauer vergiften.

Psychologen verdienen ihr Brot damit, Erklärungen zu finden und Auswege aus verfahrenen Situationen zu zeigen, und wir dürfen ihnen dafür dankbar sein. Aber lässt sich wirklich alles menschliche Verhalten erklären und mit Willensanstrengung oder Therapie ändern? Gibt es nicht auch unberechenbare, unfassbare Ausbrüche des Bösen, vor denen wir hilflos dastehen? Der Machbarkeitswahn unseres Zeitalters möchte uns vorgaukeln, alles sei nur eine Sache der richtigen Methode, aber angesichts der Grausamkeit, mit der immer wieder Völker, Gruppen und Einzelne aufeinander losgehen, ist uns wohl etwas mehr Nüchternheit und Bescheidenheit anzuraten. Vielleicht auch aus dem Grund, den der (Thomas von Kempen zugeschriebene) geistliche Klassiker *Von der Nachfolge Christi* bereits im 15. Jahrhundert anführte: »Mit guten, friedlichen Menschen im Frieden zu leben – das fällt uns nicht schwer. Wir haben es gern, wenn andere unserer Meinung sind. Aber mit harten, unfreundlichen und regellosen Menschen auszukommen, das ist nicht nur dein Verdienst. Es ist Gnade.«

Eine weitere Gefahr bei den Büchern aus der Abteilung »Selbsthilfe« ist, dass sie uns dazu verführen können, nur die *anderen* als »schwierige Menschen« zu identifizieren. Wir selbst halten uns gern für ganz normal und sehen aus diesem Blickwinkel die Menschen in unserer Umgebung als die Abweichler von der Norm an – als die, welche ihre Verhaltensmuster gefälligst zu ändern haben. Aber wie wäre es denn, wenn wir selbst einem dieser auffälligen Persönlichkeitstypen angehörten? Dann wären wir es womöglich, die sich zu ändern hätten ...

Gut – die schwierigen Menschen sind also ein Teil des Problems. Aber auch Gesprächspartner mit ganz »normalen« Temperamenten können, wenn sie nur verschieden genug von uns sind, auf Dauer als unerträglich empfunden werden. Es gibt sie halt, die Menschen, die uns ständig belehren, ohne wirklich Ahnung zu haben, die detailverliebten Dauertüftler, die oberflächlichen Wortjongleure, die risikoverliebten Abenteurer, die buchhalterischen Übervorsichtigen, die unzugänglichen Grübler, die rückwärtsgewandten Gralshüter, die vorwärts preschenden Dauervisionäre, die sauertöpfischen Pessimisten und die immer optimistischen Powerlächler. Je mehr sich ihr Temperament von unserem unterscheidet, umso schwerer fällt es uns, sie anzunehmen.

Und wenn wir einander sehr nahestehen, kann uns sogar ein relativ unauffälliges Verhalten des anderen auf die Nerven gehen, wenn wir es nur immer wieder beobachten. Da gibt es die vielen kleinen Eigenheiten und Ticks unserer Gesprächspartner, die Neigung zu Überreaktion oder Achtlosigkeit, die hundertmal gehörten Sprachfloskeln und das Mienenspiel – kurz, lauter Belanglosigkeiten, die wir aber irgendwann als persönliche Angriffe empfinden. Der Oberteufel Screwtape in C. S. Lewis' *Dienstanweisung für einen Unterteufel* rät seinem Untergebenen Wormwood, der einen Menschen unmerklich in die Hölle bringen soll: »Bringe Deinem Patienten jene charakteristische Hebung der Augenbraue seiner Mutter, die er schon als kleines Kind zu verabscheuen lernte, zu vollem Bewusstsein und lass ihn darüber nachdenken, wie sehr er sie verabscheut. Lass ihn annehmen, sie wüsste, wie sehr es ihn ärgert, und täte es nur, um ihn zu ärgern – wenn Du Dein Handwerk verstehst, wird er nicht bemerken, wie grenzenlos unwahrscheinlich diese Annahme ist. Und natürlich darfst Du nicht zulassen, dass es ihm dämmert, er selbst könnte Tonfälle und Gesichtsausdrücke an sich haben, die für sie ebenso ärgerlich sind.«

Geltung

Konflikte gibt es in Familien, in politischen Gremien, in Firmen, in Schulen und Universitäten, in Organisationen und Vereinen und Nachbarschaften – eigentlich überall da, wo Menschen miteinander leben. Wo solche Auseinandersetzungen nicht auf der Verschiedenheit von Temperamenten beruhen, geht es den Beteiligten oft um den Zugewinn von Geltung, Macht, Einfluss oder Besitz. Manchmal sind es einzelne Menschen, die versuchen, ihre Position zu verbessern oder ihr Terrain zu vergrößern, und manchmal sind es ganze Gruppen oder Fraktionen. Konfliktforscher wie Rudolf Seiß unterscheiden dabei zwischen Rangordnungskonflikten und Revierkonflikten, aber oft vermischen sich beide Arten.

Ich nehme als Beispiel für Rangordnungskonflikte einfach mal meine eigene Spezies: die der Hochschullehrer. Die müssen forschen. Das gehört zu ihrem Beruf. Aber dann kommt der Wettbewerb ins Spiel. Wer forscht am besten, hat die meisten Bücher und Artikel veröffentlicht, die meisten Vorträge gehalten? Wenn man nicht aufpasst, bestimmt dieses Rangordnungsdenken über weite Strecken den Umgang miteinander. Man wird nicht nur zur Angeberei verführt (»Na, Herr Kollege, Sie haben doch sicher mitbekommen, dass mein letztes Buch inzwischen in die dritte Auflage gegangen ist?«), sondern auch zur Hochstapelei (»Mein nächstes Werk ist schon fast fertig« – wenn gerade mal die Einleitung formuliert ist), und es dürfen nur die neuesten Theorien, die aktuellsten Fachausdrücke (ich nenne sie immer »akademische Lockenwickler«) und die am heißesten diskutierten Autoren vorkommen. Ich empfinde diese Art der Unterhaltung als verbales Balzen.

Dieses eher unschuldige Vergnügen, andere mit einer einstudierten Selbstdarstellung zu beeindrucken, mag man noch als eher kindische Eitelkeit entschuldigen, aber der Wunsch, die Nummer eins zu sein, lässt uns leicht auch zu unfairen Mitteln greifen. Vom Plagiat, vom geistigen Diebstahl als Ersatz für eigene geistige Arbeit, muss man gar nicht reden. Es geht auch unauffälliger. Da wird einer Kollegin eine wichtige Information über Bewerbungsfristen vorenthalten, oder es werden entscheidende Sitzungen in genau dem Zeitraum anberaumt, in dem eine bestimmte Fraktion die Mehrheit hat, weil die Hälfte der anderen Fraktion auf Reisen ist. Zum Schluss steht dann der Drahtzieher ein bisschen weiter oben auf der Karriereleiter.

Oft gehen Rangordnungskonflikte in Revierkonflikte über. Wie einfach das Leben doch wäre, habe ich manchmal in Gremiensitzungen der Universität gedacht, wenn alle sich mit den ihnen zustehenden Geldern und den zu ihrem Bereich gehörenden Personalstellen begnügen würden. Aber da wurde von manchen Seiten mit allen Methoden um eine Vergrößerung der Machtsphäre gekämpft. Da standen auf einmal nicht mehr die hohen Ziele der Wissenschaft und der Lehre im Mittelpunkt, sondern die Höhe der nächsten Geldzuweisungen oder die Frage, wie man Berechnungen zum Personalbedarf beeinflussen konnte.

Weil das Streben nach einem höheren Rang und nach Vergrößerung des Herrschaftsgebiets in fast allen Bereichen des menschlichen Lebens zu finden ist, erleben wir es natürlich auch in der christlichen Gemeinde. Persönliche Glaubenserfahrungen sind eigentlich einzig und allein Anlässe zu großer Dankbarkeit Gott gegenüber, aber viel zu oft prahlen wir damit, als seien sie unser ganz eigener Verdienst. Und unsere theologischen Kenntnisse werden, wenn wir nicht gut aufpassen, leicht zum Herr-schaftswissen in Diskussionen. Wir sollten unsere eige-nen Motive daraufhin überprüfen, ob alle Dinge, die wir in der Gemeinde tun, *ad maiorem Dei gloriam* (d. h. zum höheren Ruhme Gottes) geschehen oder ob sie auch der Vergrößerung unseres persönlichen Geltungsbereichs dienen.

Geschmack

Andere Reibereien haben damit zu tun, dass wir es nicht schaffen, über unsere eigenen Prägungen hinauszuse-hen und um der Sache willen einen neuen Blickwinkel einzunehmen. Weil sich bei uns allen im Laufe der Zeit bestimmte Vorlieben und Geschmäcker entwickelt und verfestigt haben, kann es sein, dass sich Vorliebe und Geschmack zwischen uns und die Wahrheit schieben. Dann stellen wir uns quer, sobald jemand anderes mit einem anderen Geschmack einen Vorschlag macht. Da-bei vergessen wir meist, wie wenig beständig und ver-lässlich unser persönliches Empfinden ist.

Matthias Claudius hat einmal mit einem schönen Bild die Schwierigkeiten beschrieben, die wir uns mit einer solchen subjektiven Sicht einhandeln: »Wenn ich einen bittern Geschmack auf der Zunge habe, so schmeckt mir bitter, was mir zu einer andern Zeit nicht bitter schmeckt; habe ich einen sauern, so schmeckt mir sauer, was mir zu einer andern Zeit nicht sauer schmeckt usw. Man kann aber einen Zustand der Zunge annehmen, darin die Din-ge zu aller Zeit einen und ihren eigentlichen Geschmack haben. Welcherlei dieser Zustand auch sei, so ist er der einzige, darin die Zunge über den Geschmack der Dinge recht urteilet; denn in einem jeden andern schmeckt sie nicht die Dinge, sondern sich selbst.«

Wenn es um die Begrenztheit und Vorläufigkeit unseres Geschmacks geht, erzähle ich gern eine Geschichte aus meinen Studienjahren. Eine unserer Nachbarinnen in meiner Heimatstadt Kassel hieß Erna – »Tante Erna«, um es genau zu sagen. Sie war eine quirlige kleine Frau mit einer großen Stimme, die sie kräftig zum Lob Gottes und zur Freude von Menschen einsetzte. Bei kirchlichen Veranstaltungen und auf Familienfesten war sie mit den alten Chorälen und Evangeliumsliedern zu hören. Oft ging sie auch in die nahe gelegenen städtischen Kliniken auf die Stationen der Langzeitkranken und sang ihnen tröstliche und hoffnungsweckende Lieder. Ab und zu erlebte ich sie dabei, wenn ich mit meiner Mutter gerade ebenfalls über die Stationen ging und versuchte, den Kranken mit meiner Geige eine Freude zu machen. Wenn Tante Erna dann in den Klinikfluren sang, durfte ich dazu eine zweite Stimme improvisieren. Ihren diakonischen Einsatz konnte man nur bewundern und an ihrem Glauben konnte man sich einfach nur freuen.

Als ich mir Ende der 1960er Jahre, wie es in Studentenkreisen üblich war, meinen ersten Bart stehen ließ, begegnete ich eines Tages Tante Erna auf der Straße. Kritisch schaute sie mir ins Gesicht, musterte mit deutlichem Missfallen meinen Bart, schüttelte schließlich seufzend den Kopf und sprach die Worte aus, an die ich mich wohl immer erinnern werde: »Warum müsst ihr jungen Männer euch jetzt nur alle so einen hässlichen

Bart wachsen lassen? Warum könnt ihr nicht einfach so bleiben, wie der liebe Gott euch geschaffen hat?«

Ein schöneres Eigentor habe ich selten erlebt. Die eigenen Sehgewohnheiten, Traditionen und Schönheitsideale hatten sich vor die Fakten geschoben. Der Schöpfer hat mich nun mal mit einem kräftigen Bartwuchs geschaffen – daran hätte Tante Erna Maß nehmen müssen und nicht an ihren eigenen, kulturell gewachsenen Vorstellungen. Sie tat aber das, was im Bereich der christlichen Gemeinde immer wieder geschieht: Sie machte ihren Geschmack zum Maßstab und versuchte ihn durch den Hinweis auf Gott geistlich zu überhöhen und quasi unangreifbar zu machen. Wie viele Auseinandersetzungen um die Gestaltung von Kirchenraum und Gottesdienst, um Sprach- und Musikstile sind letztlich nur Geschmackskonflikte und würden ihre Brisanz verlieren, wenn wir uns das bewusst machten?

Gewohnheit

Manchmal ist es noch nicht einmal der Geschmack, der Gefühlsaufwallungen verursacht und hitzige Debatten entfacht. Manchmal ist es einfach die pure Gewohnheit. Weil wir es schon immer so gemacht haben, muss es auch jetzt und weiterhin so sein. Und wer dabei nicht mitmacht, muss wohl im Unrecht sein.

Das erinnert mich an ein Erlebnis vor einigen Jahren auf einer Konzerttour durch Namibia. Eines Morgens joggte ich, um den Körper nicht ganz einrosten zu lassen, auf der langen hölzernen Promenade am Strand von Swakopmund. Es war ein wunderbarer Morgen und die

Sonne ließ die Wellen des Meeres in tausend Farben glitzern. Das Holz unter meinen Füßen federte angenehm, ich musste nicht wie daheim im Wald auf Wurzeln oder Steine aufpassen und konnte deshalb den herrlichen Anblick genießen.

Weit vor mir – es waren vielleicht dreihundert Meter – sah ich von der Stadt her einen anderen Jogger mir entgegenkommen. Schön, dass ich einen Gleichgesinnten habe, dachte ich und überlegte, wie lange der andere an diesem Morgen wohl schon gelaufen war. Wir kamen einander immer näher und ich bemühte mich, ihm Platz zu machen, indem ich mich rechts hielt. Er schien meine Höflichkeit nicht zu bemerken, denn er blieb auf meiner Seite. Vielleicht träumt er ein bisschen, dachte ich und blieb weiter rechts. Aber nun schaute er mich direkt an und machte trotzdem keine Anstalten, die Seite zu wechseln. Wollte er mich provozieren? Oder vielleicht sogar angreifen und berauben? Erst als wir kurz vor dem Zusammenstoß waren, gab ich nach und wich nach links aus. Unverschämtheit, knurrte ich im Stillen, aber er grüßte mich sehr freundlich, und dann waren wir schon aneinander vorbei.

Es dauerte eine Weile, bis mir klar wurde, was da gerade geschehen war. Nicht ich war im Recht gewesen, sondern er. Nicht er hatte sich unhöflich verhalten, sondern ich. Weil mir der zentraleuropäische Rechtsverkehr im Laufe vieler Jahre in Fleisch und Blut übergegangen war, hatte ich mich rechts gehalten. In Namibia gilt aber Linksverkehr. Der nette Mensch hatte sich an das geltende Gesetz gehalten, und ich unbedarfter Ausländer hatte, weil ich in meiner Gewohnheit gefangen war, ihm innerlich Vorwürfe gemacht. Ich glaube, ich bin seither ein bisschen vorsichtiger in meinem Urteil über das anscheinende Fehlverhalten anderer Menschen.

Allzu oft bestimmen menschlich gewachsene Traditionen unsere Vorerwartungen voneinander und unsere Forderungen. Dr. Ed Anderson, Mitarbeiter beim Kinderhilfswerk Compassion International, erzählte mir einmal von einem Arbeitseinsatz in Myanmar, dem früheren Birma. Er hatte die Aufgabe, die Bücher eines Waisenhauses zu prüfen, das von Compassion unterstützt wurde. Man empfing ihn äußerst freundlich, aber er staunte über die sehr förmliche Kleidung der Mitarbeiter. Sie hatten dunkle Roben an, die um die Taille mit einem Seil zusammengebunden waren – regelrechte Mönchskutten, die sie äußerst fromm und würdig aussehen ließen. Nach einem arbeitsreichen Tag im Büro des Waisenhauses – mit besten Resultaten seiner Buchprüfung – aß Ed mit ihnen zu Abend. Man hatte eine köstliche Mahlzeit aufgetischt, und alle unterhielten sich mit gedämpften Stimmen. Es war eine geradezu heilige Atmosphäre. Nach dem Dessert aber traute Ed seinen Augen nicht, als jeder dieser frommen Männer eine dicke, große Zigarre hervorholte. Alle rauchten genüsslich und Ed, in dessen amerikanischer Heimatkirche das Rauchen mit einem dicken Verbotsschild versehen war, sah sprachlos zu. Heiligkeit wurde hier wohl anders definiert als in Amerika.

Aber man muss gar nicht so weit reisen, um solche Zusammenstöße der Traditionen zu erleben. Genauso erstaunt wie Ed Anderson war ich viele Jahre lang, wenn ich nach einem Konzert in Schwaben die Mitchristen völlig selbstverständlich ihr Viertele Wein oder auch zwei trinken sah – was im Norden der Republik vielerorts eine Ermahnung durch die Gemeindeleitung zur Folge gehabt hätte. Dieselben norddeutschen Kirchenvorsteher aber, die Alkohol auch in gemäßigten Mengen beargwöhnten, konnte ich ab und zu vor lauter Zigarettenqualm kaum erkennen, wenn wir nach einem Gottesdienst zusammensaßen. Und das wiederum war in vielen Gegenden südlich des Mains überhaupt nicht denkbar. Beide Lager hatten ja auf ihre Weise recht, was die gesundheitlichen Gefahren anging, aber sie bildeten in der Ausschließlichkeit und in der geistlichen Begründung ihres Urteils ein merkwürdiges Paar.

Gewichtung

Alle bisher beobachteten Streitmotive können mitspielen, wenn in einer Gruppe über einzelne Werte, Strukturen und Ziele diskutiert wird. Aber richtig zur Sache geht es, wenn um das Selbstverständnis und die Grundsätze des Zusammenlebens gerungen wird. Innerhalb von christlichen Gemeinden kommt es zum Beispiel öfter vor, dass zwei Lager völlig konträre Vorstellungen von Geschlossenheit oder Offenheit haben. Die einen sagen: Unsere Gemeinde sollte aussehen wie ein sorgsam angelegter Vorgarten, mit genau abgesteckten Blumenbeeten, farblich aufeinander abgestimmten Pflanzen, sorgsam geschnittenem Rasen und sauber abgestochenen Rasenkanten. Und die anderen meinen: Unsere Gemeinde sollte ein bisschen was von einem bunten, duftenden Dschungel haben, in dem Platz für spontanes Wachstum ist, für farbliche Kontraste und unerwartete Früchte. Wie sich dieser Kontrast in den alltäglichen Entscheidungen einer Gemeindeleitung zum Zankapfel entwickeln kann, kann jeder bestätigen, der schon einmal Leitungsverantwortung gehabt hat.

Sind traditionelle Liturgien oder freie, charismatische Formen der Anbetung gut für unsere Gemeinde? Legen wir uns auf eine bestimmte Bibelübersetzung fest? Wie viel oder wie wenig geistlichen Gehalt brauchen Anbetungslieder? Können Band oder Orgel die Norm bei der musikalischen Begleitung sein? Sollte sich die Gemeinde eher diakonisch oder missionarisch engagieren? Sind lebendige Hausbibelkreise gefährlich für den Zusammenhalt der Gemeinde? Brauchen wir mehr Lehre oder mehr Seelsorge? Darf es so etwas wie ein Miteinander mit anderen Kirchen, Freikirchen und Gemeinschaften geben oder laufen wir dadurch Gefahr, Mitglieder an andere Gruppierungen zu verlieren? Es gibt unendlich viel Zündstoff für interne Diskussionen, und man kann nur allen Beteiligten wünschen, sich ein wenig in der weiten Welt umzuschauen, um zu sehen, wie Gott anderswo in ganz anderer Weise am Wirken ist als bei uns. Auf alle Fälle hat keine Gruppe einer Gemeinde irgendeinen Grund, sich für besser zu halten als eine andere.

Und doch – bei solchen Ziel- und Gewichtungsdiskussionen schleichen sich dann, schneller als wir denken und wollen, unbemerkt Rechthaberei und Überheblichkeit ein. So wie in jener alten (und gut erfundenen)

Geschichte: Im Gespräch über die angemessenen und Gott wohlgefälligen Wege der Gottesdienstgestaltung erhitzen sich die Gemüter zweier Geistlicher, und es fallen schließlich scharfe Worte. Da sagt der eine zum anderen: »Aber was regen wir uns denn eigentlich so auf, lieber Bruder? Wir dienen doch beide demselben Herrn. Sie dienen ihm halt auf Ihre Weise und ich diene ihm auf seine Weise.«

Gemüt, Geltung, Geschmack, Gewohnheit und Gewichtung: Wenn wir nicht gerade unverheiratete Bergbauern in abgelegenen Alpenregionen sind oder Feuerwächterinnen auf einsamen Aussichtstürmen in den Weiten Kanadas, sind alle diese Reibungsflächen Baustellen unseres Alltags und auch unseres Gemeindelebens. Sie erschweren die gegenseitige Annahme. Aber es mag uns trösten, dass auch in biblischer Zeit christliche Gemeinden diese – und einige weitere – Konfliktherde gekannt haben. Deshalb lohnt sich ein Blick auf den Teil des Neuen Testamentes, in dem der Satz vom Einander-Annehmen zu finden ist.

Der biblische Zusammenhang

Die Jahreslosung stammt aus dem Brief des Paulus an die Römer. Rom scheint er als mögliche Basis für Missionsreisen im Blick gehabt zu haben, die bis nach Spanien, an den Rand der damals bekannten Welt, führen sollten. Strategisch wichtig für die Verbreitung des christlichen Glaubens war die Gemeinde in Rom allein schon wegen ihrer Lage im Zentrum eines Imperiums von weltumspannenden Ausmaßen. Ihre Mitgliederliste spiegelt die Multikulti-Bevölkerung eines großstädtischen Verkehrsknotenpunktes mit etwa einer Million Einwohner wider. Die griechischen, lateinischen und jüdischen Namen am Ende des Briefes (Kapitel 16) legen nahe, dass hier Menschen mit ganz unterschiedlichen kulturellen und religiösen Vorprägungen zusammenkamen: Andronikus, Junias und Herodion zum Beispiel waren – wie Paulus selbst – gebürtige Juden. Priska und Aquila stammten aus dem griechischen Korinth, Epänetus kam aus der römischen Provinz Kleinasien, und Urbanus war augenscheinlich von Geburt Römer. Ampliatus und Stachys sind Sklavennamen, weisen also darauf hin, dass es in der Gemeinde auch ganz verschiedene soziale Schichten gab.

Eine zusammengewürfelte Gruppe von Männern und Frauen, von Einheimischen und Zugezogenen, von Judenchristen und Heidenchristen, von Freien und (freigelassenen) Sklaven muss diese Gemeinde also gewesen sein, und diese Vielfalt gibt dem Brief an die Römer seine Brisanz. Vor allem die Lager der Judenchristen und der aus nichtjüdischem Hintergrund stammenden Neubekehrten scheinen ernsthafte Meinungsverschiedenheiten über das Grundverständnis des christlichen Glaubens und bestimmte praktische Konsequenzen gehabt zu haben. Sind die im Recht, fragten sie sich, die sich auch als Christen noch an alttestamentliche Regeln halten und deren Befolgung auch von den anderen verlangen? Oder sind es die, die meinen, solche Vorschriften seien für Christen nicht mehr bindend?

Zunächst einmal versucht Paulus in seinem Brief alle Gemeindemitglieder neu auf den Kern des Evangeliums zu konzentrieren, dann geht er auf die Argumente der jeweiligen Gruppen ein, und schließlich widmet er sich den problematischen Haltungen, die hinter den gegenseitigen Vorwürfen stecken und mit denen manche aus den verschiedenen Lagern ihre Überzeugungen durchzusetzen versuchen: Selbstgefälligkeit, Überheblichkeit und Rechthaberei. Niemand darf über den Glauben eines anderen zu Gericht sitzen, denn wir sind alle persönlich Gott verantwortlich, sagt Paulus. Wenn irgendjemand das Recht zu richten hat, dann ist es Gott selbst. Eigene Stärke sollen die Römer deshalb nur zurückhaltend zeigen; stattdessen sollen sie auf das Gewissen von schwächeren Mitchristen Rücksicht nehmen.

Aber was heißt bei Paulus »Stärke« und was heißt »Schwäche«? Der Schweizer Theologe Walter Lüthi legte in seiner Auslegung des Römerbriefs Wert darauf, dass die Grenze damals nicht nur zwischen den Heidenchristen und den Judenchristen verlief. Die Starken »haben von ihrer heidnischen oder jüdischen Vergangenheit nach ihrer Christentaufe noch allerlei kleine Gewohnheiten, Neigungen und Eigenschaften beibehalten, ohne dass sie dieselben irgendwie wichtig oder gar tragisch nehmen müssten, auch sehen sie sich dadurch in ihrem Christenglauben in keiner Weise beeinträchtigt oder gestört. . . . Ihr Glaube ist wie ein starker Magen, der, wie man bei uns im Volksmund sagt, Rossnägel zu verdauen vermag.« Demgegenüber sind die Schwachen »gegen ihre heidnische oder jüdische Vergangenheit anfälliger, weniger widerstandsfähig, und darum natürlich auch vorsichtiger und ängstlicher.«

Wir sollen, wenn wir stark sind, nicht stolz auf unsere Stärke sein, sondern unser Handeln vielmehr daran ausrichten, was unseren Mitchristen im Glauben weiterhilft: »Jeder von uns lebe so, dass er seinem Nächsten gefalle zum Guten und zur Erbauung« (15,2). Das fand auch Martin Luther, als er diese Stelle auslegte: »Trachte nicht darnach, dass du dir selbst gefällst! Das lernt sich von selbst, aber umkehren und dich so stellen, dass du nicht dir, sondern dem Nächsten gefällst, das ist die Kunst.« Genau das ist die Voraussetzung für die Einigkeit in Jesus Christus, die Paulus den Römern wünscht: »Der Gott aber der Geduld und des Trostes gebe euch, dass ihr einträchtig gesinnt seid untereinander, Christus Jesus gemäß, damit ihr einmütig, mit einem Munde Gott lobt, den Vater unseres Herrn Jesus Christus« (15,5-6). Geduld miteinander und Trost, wenn das Zusammenwachsen langsam vonstatten geht: Wir haben sie beide nötig, und wir können sie beide von Gott erbitten.

Der lange gedankliche Weg, den Paulus mit den Christen in Rom gegangen ist, gipfelt nun in seiner Aufforderung, einander anzunehmen, »wie Christus euch angenommen hat zu Gottes Lob« (15,7). Und wir sollen dabei nicht erst darauf warten, dass sich die andere Seite zuerst bewegt. Gott bot uns durch Jesus die Versöhnung an, »als wir noch Feinde waren« (5,10). Weil er ohne irgendeine Vorleistung von unserer Seite auf uns

zugekommen ist, sollen wir genauso aufeinander zugehen – ohne Bedingungen zu stellen und ohne Vorleistungen zu erwarten.

Dieser kurze Blick auf den biblischen Zusammenhang der Jahreslosung macht deutlich, dass wir im 21.
Jahrhundert noch gar nicht viel weiter sind als die Gemeinde in Rom. Angesichts der internen Spannungen
in unseren Gemeinden und der tiefen Gräben zwischen
Konfessionen und Denominationen müssen wir uns fragen lassen, ob nicht auch wir durch Überheblichkeit und
Rechthaberei blockiert sind. Und genau wie die Römer
müssen wir uns an das oberste Gebot der Liebe erinnern
lassen: »Die Liebe ist des Gesetzes Erfüllung« (13,10).

»Wie Christus euch angenommen hat«

Was bedeutet der biblische Zusammenhang unserer Jahreslosung nun für unser gegenseitiges Annehmen? Vielleicht haben wir beim ersten Lesen in dem Satz des Apostels ein globales Programm für ein besseres menschliches Miteinander vor Augen gehabt. Und das verständlicherweise. Natürlich wäre es gut, wenn alle Menschen einander vorbehaltlos annähmen. Mit einem Schlag wäre die Welt eine andere. Natürlich wäre es gut, wenn Gemüt, Gewinn, Geltung, Gewohnheit oder Gewichtungsfragen nicht der gegenseitigen Annahme im Wege stünden. Unsere Familien, unsere Schulklassen, unsere Nachbarschaften, unsere Arbeitsstellen und unsere politischen Gremien wären friedlicher und freundlicher.

Aber der Römerbrief nimmt uns zunächst einmal dahin mit, wo Gott den ersten Schritt getan hat, der vor allen unseren Schritten liegt: ». . . wie Christus euch angenommen hat.« Das war der erste zündende Funke, und deswegen gebraucht Paulus das Perfekt: Christus hat uns angenommen. Punkt. Wir haben das Annehmen nicht erfunden und müssen uns die Gebrauchsanleitung dazu nicht aus den Fingern saugen. Wir müssen einander nur annehmen, wie Christus uns schon längst angenommen hat.

Klaus Vollmer hat diese Tatsache in knappen Worten auf den Punkt gebracht: »Die christliche Ethik . . . ist einzigartig und unvergleichlich in dieser Welt, denn sie geht nicht von Geboten und Gesetzen, von Ängsten und Zwängen aus, sie bedroht und zwingt den Menschen nicht, sondern sie hat ihre Begründung und ihren Inhalt in der Liebe Jesu zu uns! Der Grund der Ethik heißt nicht: Du sollst!, oder: Du musst!, sondern: Du bist in Jesus unendlich geliebt und gewollt. Er, der dich liebt, ist dir nahe und will dich in seiner Liebe und Versöhnung bestimmen und führen. Er will sich in dein Inneres versenken und in dir wohnen. Darum setze dich dieser ewigen Liebe aus, und dann lebe diese Liebe.« Wer sich von Christus hat annehmen lassen, der mag gar nicht anders, als diese Liebe Gottes auszuleben.

Was würde Jesus tun?

Die Jahreslosung richtet sich – das zeigt der Blick auf den Römerbrief – zunächst tatsächlich an die Menschen, die sich von Christus haben annehmen lassen. Wer das noch nicht für sich nachvollziehen kann, wird zunächst einmal gar nicht verstehen, was er da tun soll, und wird diesen Satz vielleicht für eine Überforderung halten. Was geschah, als Jesus Christus während seines Lebens auf dieser Erde Menschen annahm? Wie sieht es aus, wenn sich seither Menschen von ihm annehmen lassen?

In dem amerikanischen Roman *In His Steps* heißt es ganz richtig: »Wir müssen Jesus kennen, bevor wir ihn nachahmen können.« Mit diesem Roman wollte der kongregationalistische Pastor Charles M. Sheldon in Topeka, Kansas, den Gottesdienstbesuch am Sonntagabend verbessern, und deshalb schrieb er jede Woche ein Kapitel, das er dann als Predigt vorlas. Er brach die Geschichte immer an einer so spannenden Stelle ab, dass die Gottesdienstbesucher den nächsten Sonntagabend nicht verpassen wollten und wiederkamen, um den Rest des Romans zu hören. Diese Kapitel, 1896 schließlich als Buch veröffentlicht, wurden zu einem der verbreitetsten Werke der christlichen Literatur und wurden bis heute über 30 Millionen Mal verkauft.

Was geschieht in diesem Roman? Der Geistliche Henry Maxwell ist mächtig stolz auf die First Church von Raymond, seine finanziell erfolgreiche Gemeinde mit ihren einflussreichen, gebildeten Mitgliedern, die die Führungsschicht der Stadt repräsentieren. Dass er sich um den dürftigen Gottesdienstbesuch Sorgen macht, entspringt nicht so sehr einem Gefühl geistlicher Verantwortung als vielmehr seinem Bemühen, die eigene komfortable bürgerliche Existenz zu sichern. Sein wichtigstes Projekt ist nicht Gemeindeaufbau oder Diakonie, sondern ein langer Sommerurlaub in Europa.

Eines Sonntagmorgens unterbricht ein augenscheinlich verwahrloster junger Mann den Gottesdienst und stellt dem Pastor und der Gemeinde einige sehr unbequeme Fragen. Gerade haben sie gesungen: »Jesus, ich habe mein Kreuz auf mich genommen, um alles zu verlassen und dir nachzufolgen.« Und jetzt fragt sie der Fremde, was denn das praktisch für ihr Leben bedeute. Wie wäre es denn, wenn alle Anwesenden die Worte eines solchen Liedes in ihrem Alltag ausleben würden? Drei Tage ist er auf Arbeitssuche durch die Stadt geirrt und ist keinerlei Mitleid, geschweige denn Trost oder tätiger Hilfe begegnet. Das einzige freundliche Wort hat er von Pastor Maxwell gehört, aber praktisch geholfen hat auch der ihm nicht. Nach dem Ende seiner anklagenden Rede bricht der junge Mann auf den Altarstufen zusammen und stirbt.

Die Erschütterung der bis zu diesem Moment selbstzufriedenen Gemeinde führt am nächsten Sonntag zur Bildung einer Initiative von Menschen, die sich verabreden, ein Jahr lang nichts zu tun, ohne vorher ehrlich und mit aller Ernsthaftigkeit zu fragen: »Was würde Jesus tun?« Und die dann nach bestem Wissen und Gewissen und ohne Angst vor unliebsamen Konsequenzen genau so handeln wollen. Alle ziehen aus dem, was sie über Jesus gehört haben und was sie von seinen Worten verstanden haben, für ihre persönliche Lebensführung und für ihr Verhältnis zu den Menschen in ihrer Umgebung ganz eigene Folgerungen.

Der Zeitungsherausgeber Edward Norman beschließt, sonntags keine Zeitung mehr zu drucken, weigert sich, Werbung für Whisky und Tabak zu machen, und will keine Faustkampfresultate mehr veröffentlichen. Das tut er mit solcher Konsequenz, dass er Richtung Insolvenz steuert.

Dem Geschäftsmann Milton Wright, der zwanzig Jahre lang Dinge tat, »die Jesus nicht tun würde«, fallen sechs Leitsätze zum Thema »Was Jesus wahrscheinlich an Stelle von Milton Wright als Geschäftsmann tun würde« ein: 1. Er würde mit seiner Geschäftstätigkeit eher Gott verherrlichen, als Geld verdienen wollen. 2. Das ihm anvertraute Geld würde er zum Wohl der Menschheit einsetzen. 3. Mit seinen Arbeitnehmern würde er liebevoll und hilfsbereit umgehen und sich auch um ihre Seelen kümmern. 4. Er würde sich nie durch irgendeine fragwürdige Handlung im Geschäftsleben einen Vorteil verschaffen. 5. Er würde Selbstlosigkeit und Hilfsbereitschaft als Richtschnur für alle Einzelhandlungen betrachten. 6. Er würde diese Prinzipien gegenüber Angestellten, Kunden und Geschäftspartnern anwenden. Das alles lässt sich bereits nach zwei Wochen im Betriebsklima seines Unternehmens feststellen.

Der College-Präsident Donald Marsh beginnt, gegen die Korruption der Kommunalpolitik und den verbreiteten Alkoholismus zu kämpfen. Der Manager Alexander Powers verzichtet auf seine einflussreiche Position, weil er die Geschäftspraktiken seiner Firma nicht länger verantworten kann. Die reiche Erbin Virginia Page investiert ihr Vermögen in die Reformierung des »Rechtecks«, eines sozialen Brennpunktes der Stadt, und die schöne Opernsängerin Rachel Winslow lehnt das Angebot ab, in einer komischen Oper zu singen, weil sie überzeugt ist, dass Jesus »nicht in der Oper singen würde«. Dafür singt sie in evangelistischen Zeltveranstaltungen und rührt mit ihren Liedern die Herzen der Ärmsten. Das politische, soziale, wirtschaftliche und religiöse Leben in Raymond verändert sich langsam; am deutlichsten zeigt das Experiment seine Wirkung bei der Bekämpfung des Alkoholismus und der Verbesserung der Lebensbedingungen im »Rechteck«. Der Roman endet mit Henry Maxwells Vision der langfristigen Folgen des Experiments.

Der Tod des abgerissenen jungen Mannes im Gottesdienst hat die Gemeinde in ihrer Selbstzufriedenheit erschüttert und die Vorläufigkeit vieler persönlicher und gemeindlicher Projekte unerwartet sichtbar gemacht. Die Zeit, in der Charles Sheldons Buch entstand, war geprägt von einer Rückbesinnung auf die Worte Jesu, die uns hinaussenden in eine Welt der Not und des Leidens, der Selbstsucht und der Unmenschlichkeit, der Hoffnungslosigkeit und der Gottferne. Man sprach damals vom »sozialen Evangelium« und wollte damit den Weltbezug des christlichen Glaubens betonen. Über 100 Jahre später ist die Frage »Was würde Jesus tun?« übrigens wiederentdeckt worden – von jungen Leuten, die bunte Armbänder mit den Buchstaben »W.W.J.D.« (»What Would Jesus Do?«) tragen und damit sich selbst und andere an den Blickwinkel Jesu erinnern wollen.

Mögliche Missverständnisse

»Nehmt einander an, wie Christus euch angenommen hat.« Man kann diesen Satz auf verschiedene Weise missverstehen: Je nach Blickwinkel kann man seine eigenen Kräfte überschätzen oder die Aufgabe unterschätzen. Ich erinnere mich an ein kleines Gespräch, das in unserer Gemeinde Kreise gezogen hat. Eines der treuesten Gemeindeglieder, eine engagierte und zupackende Frau mittleren Alters, arbeitete ehrenamtlich in einem nahe gelegenen Heim für Obdachlose mit, begleitete Einzelne bei der Resozialisierung und erzählte ihnen von Gott und seiner Liebe. Einer ihrer Schutzbefohlenen schaffte es wunderbar, sein Leben mit Gottes Hilfe wieder in den Griff zu bekommen; aber die Arbeit mit dem nächsten führte sie in eine Krise. Er schien sich dem Glauben zuzuwenden, kam mit in die Gemeinde und beteiligte sich an Gebeten, aber es stellte sich später heraus, dass er damit seine Betreuerin und die Gemeinde nur getäuscht hatte. Alles war reine Schauspielerei gewesen – und sie hatte es nicht gemerkt. Zutiefst unglücklich ging sie zu unserem alten, weisen Pfarrer. Als sie ihm ihr Herz ausgeschüttet hatte, sagte er nur: »Liebe Frau . . . , vergessen Sie nicht, dass Sie nicht der Heiland sind.« Diese einfachen Worte legten in ihr einen Schalter um, sie erkannte ihre eigene Rolle neu und konnte von diesem Augenblick an »ihren« Obdachlosen innerlich loslassen.

Es gibt sie – die Gefahr der Selbstüberschätzung. Mir ist in diesem Zusammenhang auch noch sehr lebendig ein kleiner Mailwechsel mit meinem Freund Johannes Hansen im Gedächtnis. Er leitete das Volksmissionarische Amt der Westfälischen Kirche, das sich um die »noch nicht glaubenden Freunde« kümmerte (wie er es immer ausdrückte). Wir haben ungezählte Male im gesamten deutschen Sprachraum zusammengearbeitet – er als Prediger und Evangelist und ich als Musiker. Wenn wir einander eine Weile nicht sahen, hielten wir uns mit kleinen Nachrichten auf dem Laufenden, und die waren oft freundschaftlich humorvoll; jeder nahm sich selbst und den andern gern ein bisschen auf die Schippe.

So schickte ich ihm kurz vor einem musikalischen Einsatz mit mehreren Konzerten im Osten Deutschlands eine kurze Mail, in der ich ihm von meinen Reiseplänen berichtete. Zum Schluss schrieb ich den etwas flapsigen Satz: »Ich werde an diesem Wochenende versuchen, ein paar Menschen in den Himmel zu singen.« Noch bevor ich das Auto fertig gepackt hatte, kam seine ganz kurze, überhaupt nicht belehrende, aber sehr passende Antwortmail: »Ja, sing sie unters Kreuz.« In den Himmel oder unters Kreuz? Das war genau der kleine und doch so große Unterschied, der mir natürlich bewusst war, aber den ich vielleicht einfach mal wieder hören musste. Kein Mensch kann einen anderen in den Himmel bringen. Das kann nur Christus allein. Alles, was wir tun können, ist, Menschen zu dem Mann am Kreuz zu begleiten, damit sie sich selbst für ein Leben mit ihm entscheiden können. Das sollen wir dann auch mit allen Mitteln tun.

Die Selbstüberschätzung ist die eine Gefahr. Aber auch die Unterschätzung der Aufgabe kann ein Problem sein. Dem Apostel Paulus hätte es ja ausreichen können, Menschen bis an die Grenzen ihres guten Willens oder ihrer sozialen Leistungsfähigkeit zu bringen. Aber er sagt nicht: »Nehmt einander an, so gut ihr könnt. Und wenn es nicht klappt, dann habt ihr euch wenigstens bemüht.« Er legt die Latte unendlich viel höher: »Nehmt einander an, *wie Christus* euch angenommen hat.« Kann ich wirklich jemand anderen so annehmen wie er? Kann ich sagen, ich handelte wie Jesus, dem das Hemd nie näher war als die Jacke, bei dem sich nie ein geheimer Egoismus vor eine zunächst gute Motivation drängte, der sich nie von Vorurteilen verführen ließ? Kann ich so leben wie der, von dem die Autoren des Neuen Testaments übereinstimmend sagen, er habe nie gesündigt (1. Korinther 5,21, 1. Petrus 2,22)? Und was noch schwerer wiegt: Könnte ich jemals irgendeinem anderen Menschen die Schuld abnehmen, die er mit sich herumschleppt, und sie für ihn tragen? Das Maß ist nicht unsere persönliche Schmerzgrenze, sondern der Blick auf Jesus Christus, und dieser Blick tut womöglich noch mehr weh als unsere besten Anstrengungen.

Was für ein Mammutprogramm! Da stehen wir zunächst benommen vor einer menschlich unlösbaren Aufgabe. Martin Luther hat in einer Predigt diese Schwierigkeit vor Gott gebracht: »Siehe, mein Herr Christus, da hat mir mein Nächster Schaden zugefügt. Er hat mich in meiner Ehre gekränkt. Er hat sich an meinem Eigentum vergriffen. Das kann ich nicht ertragen. Darum wünsche ich ihm den Tod an. Ach mein Gott, lass dir das geklagt sein! Eigentlich sollte ich ihm verzeihen, aber ich kann es leider nicht! Siehe, wie ich so ganz kalt, ja so ganz erstorben bin. Ach Herr, ich kann mir nicht helfen! Da stehe ich nun; machst du mich anders, so kann ich nach deinem Willen und deiner verzeihenden Liebe handeln. Wenn nicht, dann muss ich so bleiben, wie ich bin.«

Was heißt »annehmen«?

Eine kleine Begriffsklärung zuvor. Was heißt überhaupt »annehmen«? Heißt es, jemanden aufgrund seiner Bewerbung und seiner Leistungsnachweise in einen Kreis von Menschen aufzunehmen – so wie z.B. Kinder nach einem Antragsverfahren und einer Eignungsprüfung von einer teuren Privatschule angenommen werden? Bei einer solchen Annahme zählen nicht nur Intelligenzquotient, Zusatzqualifikationen und die Fähigkeit, sich selbst gut zu verkaufen, sondern auch Herkunft, Finanzkraft und Beziehungen. Und damit sind üblicherweise die Reichsten und die Stärksten und die Klügsten und die Schönsten ganz vorn mit dabei. Diese Art von Annahme meint Paulus sicher nicht.

Oder heißt »annehmen« das Gegenteil: dass man bedingungslos alle Worte und alle Handlungen eines anderen Menschen abnickt und dabei die eigenen Überzeugungen und die Maßstäbe Gottes und der Menschengemeinschaft völlig ignoriert? Soll man einfach »fünfe grade sein lassen«, wie der Volksmund sagt? Es gibt viele Situationen, in denen uns Gleichgültigkeit, Bequemlichkeit oder Sentimentalität dazu bringen wollen, die Augen vor der Wirklichkeit zu verschließen und unser Gegenüber gar nicht erst genau anzuschauen. Auch das meint Paulus wohl nicht.

Wie der Psychologe Wilfried Veeser anmerkt, gibt es einen deutlichen Unterschied zwischen »annehmen« und »hinnehmen«. Etwas hinnehmen heißt, mehr oder weniger achselzuckend in etwas Unabwendbares einwilligen: »Ich kann nichts machen, ich muss mein Schicksal erleiden, ertragen, erdulden. Dies führt häufig zu negativen Grundgefühlen wie Trauer, Resignation, manchmal auch zu Wut, oft aber zu Hilflosigkeit und Ohnmacht. Wenn ich mich mit dieser Einstellung den Herausforderungen durch die Beziehung mit einem komplizierten Menschen stelle, entwickelt sich immer mehr Abneigung oder Unbehagen.«

Ein bloßes Hinnehmen kann auf Dauer nicht die Lösung sein – weder für Auseinandersetzungen im täglichen Leben noch für Konflikte in der Gemeinde oder in der Politik. Erst wenn ich mich, statt mich vor der Herausforderung zu drücken, ihr stelle, habe ich eine Chance, weiterzukommen. »Ich entscheide mich, bewusst und aktiv zu warten. Und wenn andere mich fragen: ›Wie lange willst du dies noch ertragen?‹, dann kann ich sagen: ›Ich habe mich entschieden, weiter geduldig zu sein, zu warten, diese Situation anzunehmen.‹ Es gehört zur Freiheit des Menschen, dass er genau diese Entscheidung treffen kann. An der Situation verändert sich vielleicht nicht sofort etwas, aber ich gehe es aktiv an.« Annehmen ist aktiv.

Wenn Jesus Christus Menschen annahm, war er aktiv. Die Bedrückten lud er ein, ihre Lasten bei ihm abzuladen. Den schuldig Gewordenen gab er die Chance, ihre Schuld zuzugeben und bei null anzufangen. Den Außenseitern begegnete er ohne Vorurteile und behandelte sie wie seinesgleichen. Wenn wir uns genau anschauen, wie er Menschen begegnete, und wenn wir uns von einigen von ihnen erzählen lassen, wie sie den Rabbi aus Nazareth erlebten, können wir neun Schritte des Annehmens beobachten: einander wahrnehmen, einander aus der Menge herausnehmen, einander ernst nehmen, einander in den Arm nehmen, Konflikte miteinander aufnehmen, sich selbst zurücknehmen, einander in Schutz nehmen, sich selbst annehmen lassen und einander mitnehmen.

1. Einander wahrnehmen

Wann kommt er endlich? Es ist bestimmt schon zwei Stunden her, dass sich die ersten Passanten zuriefen: »Hast du schon gehört? Er kommt heute hier durch.«

»Wer kommt hier durch?«

»Jesus! Sag bloß, du hast noch nicht von ihm gehört.«

»Klar, von dem spricht doch jeder; der soll jetzt gerade auf dem Weg nach Jerusalem sein.«

»Ja, mein Nachbar weiß das von seinem Bruder, der heute kurz vor Jericho miterlebt hat, wie der Rabbi einen Blinden geheilt hat. Der muss jeden Augenblick in der Stadt ankommen.«

Seitdem warte ich hier in meiner Zollstation. An Kassemachen ist heute sowieso nicht zu denken. Die Leute drängeln sich dermaßen an mir vorbei, dass ich keinen herausgreifen kann, um seine Waren, seine Datteln, sein Palmöl zu kontrollieren. Am besten schließe ich meine Station ab und versuche eine gute Position auf der Ausfallstraße nach Jerusalem zu erwischen, von wo ich Jesus sehen kann. Aber so ist das halt, wenn man einen eher kleinen Körperbau hat: Überall stehen mir Leute im Weg. Wenn ich die dann frage, ob sie mich nach vorne durchlassen, höre ich mit Sicherheit: Warum sollen wir denn einem Platz machen, den keiner von uns ausstehen kann? Kauf dir doch einen Aussichtsplatz – so reich, wie du bist. Geld hast du uns ja genug abgenommen.

Nein, ich werde wohl vorauslaufen müssen, wo noch nicht so viele stehen. Vielleicht kann ich von einem Fenster aus einen guten Blick haben, aber wer lässt mich schon in sein Haus? Oder nein – vielleicht kann ich auch auf einen Baum steigen und von oben auf die Straße sehen. Auf eine Palme werde ich es nicht schaffen, aber vielleicht auf einen Maulbeerbaum. Nicht hier, sondern weiter vorn, wo noch keiner steht. Das wäre wirklich peinlich, wenn mich jemand klettern sähe. Ja, der dort an der Kreuzung scheint gut zu sein. Auf den komme ich auch mit meinen kurzen Beinen hinauf, und wenn ich mich da verstecke, wo das Laub am dichtesten ist, sieht mich niemand.

So, nur noch einen Ast nach oben, und dann hab ich die perfekte Sicht, ohne selbst entdeckt zu werden. Ein paar Hunde kläffen zu mir hoch, und ich werfe mit einer von den noch harten Maulbeerfeigen nach ihnen, damit sie abhauen und mich nicht verraten. Langsam wird das Stimmengewirr auf der Straße lauter. Jetzt ist Jesus wohl wirklich im Kommen. Ihn selbst sehe ich noch nicht, aber eine Menge von meinen Nachbarn entdecke ich. Auch einige von den ganz Missgünstigen sind dabei, die immer sagen, ich sei ein Sünder, weil ich ab und zu die Steuern zu meinen Gunsten aufrunde. Die drängen sich um ihn herum, als würden sie ihn am liebsten mit nach Hause nehmen. Aber wahrscheinlich geht dieser Jesus nur in die Häuser, in denen die Gebetszeiten eingehalten und viele Almosen gegeben werden.

Jetzt sind sie alle so nahe an meinem Baum, dass ich ihn sehen kann. Er ist scheinbar gerade irgendetwas Politisches gefragt worden, denn er spricht von der »Herrschaft Gottes« und davon, dass die nicht immer nach unseren Vorstellungen kommt oder geht. Immer schaut er denen, die ihn fragen, gerade in die Augen – so als gäbe es keine anderen Menschen um ihn her.

Aber als er mit seiner Antwort fertig ist, hebt er plötzlich den Kopf und schaut direkt zu mir herauf. Wieso hat der mich gesehen? Niemand anders hat mich bemerkt. Ist mir das peinlich: Ich, der Steuereintreiber mit dem zweifelhaften Ruf, werde von ihm entdeckt, und jetzt drehen sich natürlich alle nach mir um und gaffen nach oben. Als wäre das noch nicht genug, ruft er mir auch noch durch die Blätter zu: »Zachäus, komm sofort da herunter.«

Mir fehlen die Worte. Der hat mich nicht nur hier oben entdeckt – der kennt meinen Namen! Hat ihm jemand was zugeflüstert? »Schau mal, Jesus, da oben sitzt der meistgehasste Mann von Jericho.« Und jetzt redet er mich an – mich, den Sünder vom Dienst! Ich muss mich verhört haben; das kann einfach nicht wahr sein. Obwohl der Tag sowieso schon heiß ist, spüre ich, wie mir das Blut in den Kopf schießt.

Wie bitte? Was sagt er jetzt? »Ich muss heute in deinem Haus als Gast einkehren.« Wie um alles in der Welt kommt er denn darauf? Das kann er nicht ernst meinen. Jesus bei mir zu Hause und nicht beim Synagogenvorsteher? Dann müsste ich ja jetzt wirklich schleunigst am Stamm hinunterrutschen, um wenigstens mit ihm zusammen zu Hause einzutreffen.

Alle schauen mir zu – diese halb neugierigen, halb spöttischen Blicke fassen nach mir wie gierige Hände und ich zerreiße mir doch tatsächlich noch mein Obergewand an einem hervorstehenden Ast. Der abgerissene Tuchfetzen flattert mir beim Laufen hinterher, und ein paar Kinder zeigen mit den Fingern darauf. Aber ich schaffe es tatsächlich, ein paar Minuten vor der Gruppe um Jesus bei mir zu Hause anzukommen. Irgendwie ist die Nachricht noch schneller gewesen als ich, denn ich höre in der Nähe meines Hauses, wie sich ein paar Männer am Straßenrand darüber aufregen, dass Jesus zu einem Sünder einkehrt. Für die bin ich so etwas wie ein Aussätziger, von dem sich ein frommer Jude fernhalten muss.

Wieso weiß dieser Jesus überhaupt, wo ich wohne? Und hat der die leiseste Ahnung davon, was ich von Beruf bin? Was die Leute von mir erzählen? Egal – ich muss jetzt schnell meine Diener anweisen, dem Rabbi und seinen Schülern die Füße zu waschen, und die Mägde, sofort das Leckerste auf den Tisch zu bringen, was die Küche hergibt. Wann haben wir denn überhaupt zum letzten Mal Gäste gehabt? Zu mir kommt doch freiwillig keiner der Bürger unserer Stadt.

Jetzt bin ich da, und nach den nötigsten Vorbereitungen beginnen wir zu essen. Vorsichtig schaue ich zu Jesus hinüber. Das Essen schmeckt ihm offensichtlich, und mein schlechter Ruf verdirbt ihm nicht im Geringsten den Appetit. Apropos schlechter Ruf: Viel braucht er mir nicht über Unehrlichkeit und moralische Sackgassen zu sagen. Er erzählt nur, wie wunderbar es ist, nach Gottes Geboten zu leben, und ich weiß schon nach ein paar Worten, was er meint. Ich muss mich gar nicht überwinden, als ich ihm sage, dass ich die Hälfte meines Besitzes den Armen geben werde. Und ich höre mir auch noch staunend selbst zu, als ich verspreche, dass ich die Gewinne aus meinen Betrügereien mit 300 Prozent Zinsen zurückerstatten werde. Ob da was für mich übrig bleibt? Daran denke ich jetzt nicht mehr. Er sagt nur: »Etwas Besseres konnte diesem Haus gar nicht passieren.« Und dann nennt er mich »Abrahams Sohn« – mich, dem sonst alle nur »Hurensohn« hintergerufen haben. Er hat mich als den wahrgenommen, der ich immer gewesen bin, und ich glaube, er weiß auch schon, was aus mir noch werden kann. (Lukas 19,1-10)

Wie nahm Jesus Menschen an? Der Bericht von Zachäus aus dem Lukasevangelium macht klar: Einen Menschen »anzunehmen« heißt zu allererst, ihn wahrzunehmen. So selbstverständlich das klingen mag, ist es doch der erste große Schritt. Wie oft laufen wir aneinander vorbei, die Augen vor uns auf dem Bürgersteig oder in einer Schaufensterauslage und die Gedanken vielleicht noch ganz woanders. Den Menschen, denen wir auf unserem Weg begegnen, geht es womöglich ebenso: Auch sie wissen gar nicht, wem sie da begegnen, und so nehmen wir einander nicht wahr.

Ein schönes Beispiel dafür, wie wenig wir einander als unverwechselbare Einzelgeschöpfe sehen (obwohl wir das Gegenteil beteuern), ist die gedruckte Danksagung, die der Wiener Theaterkritiker Egon Friedell nach einem runden Geburtstag an alle Gratulanten verschickte: »Tief erschüttert, daß Sie meinen bescheidenen 60. Geburtstag nicht vergessen haben, danke ich Ihnen von Herzen für Ihre mich so großmütig überschätzenden Zeilen. Von allen Glückwünschen hat mich der Ihrige am meisten gefreut. Wien, im Januar 1938 – Egon Friedell.«

Wie geht das denn? Alle Gratulanten bekommen diese Zeilen, und jedem wird vorgemacht, dass er auf dem Dankestreppchen ganz oben steht. Da passt doch was nicht zusammen. Natürlich war diese herrliche Selbstironie von Friedell beabsichtigt, aber dass Massendrucksachen sich individuell und authentisch geben und dabei die persönliche Wertschätzung nur heucheln, begegnet uns täglich in der Werbung.

Ob wir einander wahrnehmen, lässt sich oft schon an

unseren Gesprächsgewohnheiten feststellen. Was sind zum Beispiel die Grußfloskeln wert, die wir im Alltag einander zumurmeln?

Jeder fragt dich, wie es geht

Du trittst aus dem Haus auf die Straße und spürst:
der Tag liegt dir jetzt schon im Magen.
Du weißt, was du heute zu tun haben wirst;
du fürchtest die schwierigen Fragen.
»Wie gehts?« grüßt dich einer und schaut dich kaum an,
in eigene Sorgen verbissen.
Jeder fragt dich, wie es geht, aber dann
will eigentlich keiner es wissen.

Im Bus siehst du vorn ein vertrautes Gesicht,
halb hinter der Zeitung verborgen.
Den triffst du hier immer. Er kommt von der Schicht,
und du nickst ihm zu: »Guten Morgen«.
»Wie gehts denn?« sagt er. Dabei blättert er um
und liest seinen Sportteil beflissen.
Jeder fragt dich, wie es geht, doch warum
will eigentlich keiner es wissen?

Man fragt es dich gleich in der Tür zum Büro,
beim Mittagstisch über der Suppe.
Am Telefon fragt man es dich sowieso –
die Antwort ist eigentlich schnuppe.
Die Tränen, die du dir am Tage verkneifst,
die weinst du des Nachts in die Kissen.
Denn keiner von denen, die fragen, wies geht,
will es dann am Ende auch wissen.

Und wehe, du antwortest ehrlich und sagst,
dass dich manche Dinge grad quälen.
Wie wärs, wenn du sagtest: »Ach, nett, dass du fragst –
komm, setz dich und lass mich erzählen.
Mir geht es zu Hause zur Zeit gar nicht gut
und auch im Beruf gehts bescheiden.«
Ich wette, dann greift er schon nach seinem Hut,
denn soviel will er gar nicht wissen.

Es muss ihn doch geben – den einen, der bleibt.
Du wartest darauf schon seit Jahren,
dass jemand dich fragt und dass er sich nicht sträubt,
dann alles genau zu erfahren.
Ob strahlend und grade von Sorgen befreit,
ob traurig und innen zerrissen –
du könntest erzählen, und er hörte zu,
und wollte von dir alles wissen.

Oft hindert uns an der Wahrnehmung eines anderen
Menschen nicht eine allgemeine Interesselosigkeit, sondern eine dauernde Konzentration auf uns selbst. Der
französische Priester Michel Quoist hat auf der Wichtig-
keit des Zuhörens bestanden: »Wenn du den Menschen,
denen du begegnest, angenehm sein willst, rede mit ihnen über das, was sie interessiert, und nicht über das,
was dich interessiert. . . . ›Aber ja, mein Herr, Sie brauchen gar nicht weiterzusprechen, das ist wie bei mir ...‹
Während der andere sprach, dachte er nur an sich selbst.
Unterbrich nicht den anderen, um von dir zu reden. Laß
ihn bis zum Schluß von sich erzählen. Wenn du in Versuchung kommst, von dir zu reden, geschieht es nicht, weil
du an dich denkst? Und wenn du an dich denkst, bist du

nicht mehr ganz für den anderen da. Wenn du von dir sprichst, dann soll das nur im Interesse des anderen geschehen, um ihn aufzuklären, um ihm Mut einzuflößen, um ihn reicher zu machen; nie aber, um dich hervorzukehren und den anderen zu verdunkeln, mutlos zu machen und in den Schatten zu drängen.«

Einen anderen Menschen wahrzunehmen, heißt aber nicht nur, selbst eine Weile zu schweigen und zuzuhören. Es kann vielleicht auch heißen, aktiv nachzufragen, was der andere zu sagen hat. Unter den Top-Ten-Ratschlägen zur Mitarbeitermotivation nennen die amerikanischen Psychologen Chapman und White: »Schauen Sie bei Ihrem Kollegen vorbei und fragen Sie nach, wie es so läuft. Verbringen Sie einfach ein paar Minuten damit, mit ihm zu plaudern und zu schauen, wie es ihm geht.« Ein weiterer ihrer Ratschläge lautet: »Schauen Sie am Arbeitsplatz eines Kollegen vorbei und fragen Sie, ob er bei irgendetwas Hilfe braucht.«

Ob es die Augen eines anderen Menschen sind, in denen wir seine Persönlichkeit zu erkennen versuchen, ob sein Mienenspiel mit den Anzeichen von Trauer oder Freude, oder seine Körpersprache, die uns von Anspannung, Eile oder Gleichgültigkeit erzählt und durch die er uns an seinen Verletzungen, Sehnsüchten und Hoffnungen teilhaben lässt: Das aktive Wahrnehmen ist der erste Schritt zum Annehmen. Was danach kommt, kann uns ein Soldat erzählen, der sich dem Blick Jesu aussetzte.

Wenn die Leute wüssten, wie schlecht es einem Haupt-
mann gehen kann. Die meisten schauen mich an und
denken: Der hat Einfluss, der hat Macht, dem fehlt
nichts. Aber auch Hauptmänner werden krank. Auch
Hauptmänner haben Ärger in der Familie. Auch Hauptmänner sorgen sich um Menschen, die ihnen nahestehen. Wenn die Leute wüssten, wie sehr ich mich sogar
um meine Untergebenen sorge ...

Gaius ist mein Diener und er ist schlicht unersetz-
lich. Ich bekam ihn vor acht Jahren, als ich den Befehl
über meine Hundertschaft erhielt, und er stellte sich
schon nach ein paar Wochen als der zuverlässigste
Botengänger, Essensbeschaffer, Kleiderverwalter und
Waffenreparierer heraus. Was noch wichtiger ist: Im
Laufe der Zeit ist er immer mehr zu meinem engsten
Vertrauten geworden, bei dem ich Dampf ablassen
kann oder der mir zuhört, wenn ich unbedingt eine
große Freude mit jemandem teilen muss. Andere Menschen mögen ihn für einen unter vielen Sklaven halten,
und natürlich ist er das vor dem Gesetz auch – genau
wie die anderen Sklaven, die mir zugeteilt sind. Aber
ich betrachte ihn seit Langem mehr als meinen Freund.

Und jetzt ist Gaius krank – so krank, dass er nicht
mehr von seinem Lager aufstehen kann. Keiner weiß,
wie es kam, aber seit vier Wochen sind sein Rücken und
seine Beine steif, und jeder Versuch, sich aufzurich-
ten oder sogar ein paar Schritte zu tun, bereitet ihm
unsägliche Schmerzen. Ich kann sein Stöhnen nicht

mehr hören. Vielleicht weil ich weiß, dass er gewöhnlich hart im Nehmen ist und sich eher die Lippen blutig beißen würde, als seine Qualen vor uns zuzugeben. All die Quacksalber, die sich Ärzte nennen und doch nur hinter ihrem Honorar her sind, waren schon bei ihm; sie haben mich ein kleines Vermögen gekostet.

Ob der Rabbi, der schon öfter in Kapernaum war und über den die Juden seit einiger Zeit alle diskutieren, ihm helfen kann? Wenn die Berichte stimmen, hat er schon Hunderte von Menschen gesund gemacht: Blinde, Aussätzige, Taube, Gelähmte und von unsichtbaren Geistern Gequälte. Er soll sich jetzt wieder hier im Ort aufhalten, und ich frage mich, ob er bereit wäre, mein Anliegen anzuhören. Bei solchen Berühmtheiten weiß man ja nie, ob sie Zeit haben und ob sie nicht von vielen anderen Menschen belagert werden.

Vor allem lassen mich die religiösen Regeln zögern, nach denen es den Juden verboten ist, das Haus von Römern zu betreten. Sie würden dadurch unrein, sagen sie. Nun bin ich ja einer von den wenigen Soldaten, die die religiösen Gefühle von besetzten Völkern respektieren, aber ob er das weiß? Ob er mich nicht, sobald er mich sieht, über einen Kamm mit all denen schert, die die gleiche Uniform tragen wie ich? Uns nennen die Juden doch ohne Unterschied erst einmal Heiden, und dass wir in ihrem Land das Sagen haben, macht uns doppelt verhasst. Wie stelle ich es an, dass dieser Rabbi sich nicht auf der Stelle umdreht und mich stehen lässt?

Ich glaube, ich versuche es einfach. Ich werde ihm ganz ehrlich sagen, dass ich nicht mehr weiter weiß. Wenn es stimmt, was sie von ihm erzählen, dann hat er ein Herz für alle, die krank sind – ganz gleich, woher sie stammen und was sie glauben. In den Einzelheiten der jüdischen Gesetze kennt er sich hervorragend aus, habe ich gehört, aber er muss wohl schon öfter eher der Barmherzigkeit seines Herzens gefolgt sein als den strengen Regeln der religiösen Spezialisten.

Nein, meine Hoffnungen haben mich nicht getäuscht. Als ich ihn bitte, meinen Knecht zu heilen, sagt er tatsächlich Ja. Einfach so. Ohne eine Nachfrage, ohne einen Einwand will er mitkommen. Kann ich ihm das denn zumuten? Erstens ist er hier doch sehr beschäftigt, und zweitens würde er sich in den Augen seiner Kritiker verdächtig machen, wenn er mit mir käme. Jeder würde denken: Wer mit den Römern geht, ist sicherlich ein Kollaborateur. Dieser Gefahr möchte ich ihn nicht aussetzen. Das kann ich ihm nicht antun. Ich sage ihm, wie sehr ich ihm vertraue und dass eigentlich ein Wort von ihm schon genügt, um meinen Gaius gesund zu machen. Das überrascht ihn anscheinend: »So wie du mir vertraust, hat mir in meinem eigenen Volk noch niemand vertraut.« Und nachdem er uns Nichtjuden noch die Möglichkeit in Aussicht gestellt hat, dass wir eher in den Himmel kommen als viele der Juden, sagt er den Satz, nach dem ich mich so gesehnt habe: »Geh ruhig nach Hause. Was du geglaubt hast, wird geschehen.« Soll das heißen, dass Gaius gesund wird? Ich wäre der glücklichste Mensch der Welt. (Matthäus 8,5-13)

Jesus schaute immer genau hin. Wenn er einen Menschen traf, ließ er sich nicht durch dessen Zugehörigkeit zu einer Gruppe oder einem Berufsstand täuschen. Wie viel Mobbing haben Menschen erdulden müssen, weil sie einer Familie angehörten, in der irgendjemand irgendwann einmal etwas Ungesetzliches getan hatte. Wie viel Diskriminierung ist schon wegen einer bestimmten Hautfarbe verübt worden oder wegen bestimmter Kleidungsgewohnheiten. Nach den Anschlägen vom 11. September 2001 wurde zum Beispiel in den Zeitungen berichtet, dass dunkelhäutige Sikhs wegen ihrer Kopfbedeckung in der amerikanischen Gesellschaft und von Sicherheitsbehörden für Araber gehalten und sofort unter Terrorismusverdacht gestellt wurden.

Mir ist da immer noch ein Erlebnis aus dem Jahr 1982 im Gedächtnis. Zum ersten Mal hatte ich eine staatliche Auftrittsgenehmigung in der DDR, weil ich zusammen mit meinem Freund Johannes Hansen vom evangelischen Bischof nach Demmin in Mecklenburg-Vorpommern zu einer Evangelisation eingeladen worden war. Wir kamen ziemlich angespannt dort an, denn die Grenzkontrollen und die uns danach betont unauffällig folgenden Autos hatten uns bewusst gemacht, dass wir uns in einem Überwachungsstaat befanden. Bevor die Veranstaltungen begannen, fragten wir die

Mitchristen vor Ort, ob wir uns vor irgendwelchen sprachlichen Stolpersteinen hüten sollten – wir wollten sie ja nicht durch unbedachte Äußerungen in Schwierigkeiten bringen. Bis auf zwei oder drei warnende Hinweise (z.B. dass ich nicht die zweite Strophe, »Geh nach Westen, geh nach Osten«, des Liedes »Überall hat Gott seine Leute« singen sollte ...) gaben sie uns aber grünes Licht für unsere Arbeit, und sie machten uns Mut, einfach wir selbst zu sein.

Jeden Abend war die große St.-Bartholomaei-Kirche berstend voll, und an einem der Tage gab ich nachmittags auch ein Konzert. Hinterher füllte sich der Altarraum mit freundlichen Menschen. Sie umringten den Sänger aus dem Westen, hatten Fragen oder Geschichten mitgebracht oder wollten einfach nur mal Danke sagen. Anfangs fühlte ich mich richtig wohl in diesem Gedränge und plauderte munter drauflos. Aber plötzlich sah ich etwas, was mich sehr einsilbig machte. Unter die Gruppe um mich herum hatten sich zwei junge Männer in Uniform gemischt. Ich witterte natürlich sofort offizielle Horchposten und wollte ihnen keinen Anlass für Disziplinarmaßnahmen geben. Dass die kleinen Spaten auf ihren Schulterklappen sie als Bausoldaten auswiesen, als Kriegsdienstverweigerer, wurde mir erst am Abend klar, als ich unseren Gastgebern von diesem Erlebnis berichtete. Die Uniform bedeutete genau das Gegenteil von meiner Vermutung, und ich hatte auf meine unbedarfte und uninformierte Art Menschen unrecht getan, die höchstwahrscheinlich mit mir innerlich herzlich verbunden waren – nicht nur, weil ich selbst im

Westen den Kriegsdienst verweigert hatte, sondern weil wir den Glauben an Jesus Christus teilten. Ziemlich beschämt habe ich an diesem Abend das Licht ausgemacht.

Das Prinzip des Augenscheins und der Sippenhaftung ist immer ein schlechter Ratgeber, insbesondere wenn wir, ohne es zu merken, fest im Griff von Vorurteilen und Halbinformationen sind. Davon erzählt die amerikanische Autorin Kate Chopin in ihrer Geschichte »Désirée's Baby«, in der es um das tragische Schicksal einer jungen Frau im amerikanischen Süden zur Zeit der Sklaverei geht.

Auf der Plantage L'Abri in Louisiana lebt die schöne junge Désirée, Frau des Plantagenbesitzers Armand Aubigny und Mutter eines kleinen Jungen. Als Findelkind wuchs sie bei der in der Nachbarschaft lebenden Familie Valmondé auf – man fand sie dort als Säugling auf der Türschwelle und adoptierte sie. Armand, ihr Mann, hat keine Eltern mehr, denn seine Mutter starb nach seiner Geburt, als die Familie in Paris lebte, und sein Vater nach der Rückkehr in die amerikanische Heimat.

Alle lieben Désirées Baby, nur Armand wird immer grüblerischer und mürrischer. Er hat entdeckt, dass die Haut seines Sohnes dunkel ist, und verdächtigt automatisch seine Frau, afroamerikanische Eltern gehabt zu haben und damit für die offensichtliche Rasse ihres Kindes verantwortlich zu sein. In Louisiana galten Mitte des 19. Jahrhunderts (und leider bis in die Mitte des 20. Jahrhunderts) noch Gesetze, die Mischehen unter Strafe stellten, und durch die Heirat mit einer afroamerikanischen Frau meint Armand sich unwissend strafbar gemacht zu haben. Er befiehlt Désirée, das Haus zu verlassen, und sie verschwindet mit ihrem Kind in den Sümpfen, augenscheinlich, um Selbstmord zu begehen.

Als Armand nach ihrem Weggang ihre Habseligkeiten verbrennen lässt – mit ihnen die Wiege und die Kleider des Babys –, entdeckt er einen Brief seiner Mutter an seinen Vater, in dem es heißt: »Ich danke Gott, der unsere Wege so geführt hat, dass unser lieber Armand nie erfahren wird, dass seine ihn liebende Mutter zu der Rasse gehört, die mit dem Fluch der Sklaverei gebrandmarkt ist.«

Mit diesem Satz endet die Geschichte, und der Leser muss sich selbst ausmalen, welche Vorwürfe der rabiate Ehemann Armand sich macht, nachdem er entdeckt hat, dass er selbst der Träger des afroamerikanischen Erbguts ist. Sein rassistisch verengter Blick und seine voreiligen Schlüsse haben ihn nicht nur um seine Liebe gebracht, sondern ihn indirekt zum Mörder gemacht.

Der Volksmund sagt bekanntlich, das liebste Möbelstück des Teufels sei die lange Bank. Mag sein, aber ich glaube, mindestens genauso lieb ist ihm als Möbelutensil die Schublade. Wenn man sich die Geschichte der Christenheit anschaut, sieht man immer wieder denselben Mechanismus am Werk: Eine Kirche taxiert die andere, eine Gruppierung prüft argwöhnisch die andere, ein Mensch beäugt kritisch den anderen – immer im Blick auf die Schublade, in die das Gegenüber passen könnte. Ist diese Schublade gefunden, dann wird sie aufgezogen, das

Gegenüber wird hineingesteckt, und wir sind die Auseinandersetzung los. Stereotype sind Abkürzungen des Denkens, und was auch immer sie vielleicht an Wahrheit enthalten: Sie bilden letztendlich Mauern, die uns den Weg zu anderen Menschen versperren.

John F. Kennedy sagte 1962 in einer Rede an der Yale University: »Denn sehr oft ist der große Feind der Wahrheit nicht die Lüge – bewusst, geplant und unredlich – sondern der Mythos – anhaltend, verführerisch und unrealistisch. Zu oft halten wir an den Klischees unserer Vorfahren fest. Wir legen an alle Fakten ein vorgefertigtes Raster an. Wir genießen die Bequemlichkeit der Meinung ohne die Unannehmlichkeit des Nachdenkens.«

Das kann auch im Glauben passieren: Wer nicht mehr allein an der Wahrheit über Gott und Menschen interessiert ist, sondern in allem, was er hört, nur nach der Bestätigung der eigenen Position sucht, wird sehr schnell Andersglaubende aussortieren und gedanklich entsorgen. Das kann umgehend geschehen – oft schon nach wenigen Worten. Ich nenne das immer »Relais-Glaube«, und ich kenne diese Denkweise auch von mir selbst. Ein elektrisches Relais öffnet oder schließt auf einen vergleichsweise schwachen Impuls hin starke Stromkreise, indem es Kontakte herstellt oder unterbricht. So etwas beobachte ich immer wieder in Begrüßungen, Gesprächen, Seminaren und Diskussionen: Ein Mensch macht eine eventuell nur beiläufige Bemerkung, benutzt ein bestimmtes Wort oder nennt einen bestimmten Namen – und seine Gesprächspartner reagieren mit spontaner Freude und Zuneigung oder mit ebenso spontaner Zurückhaltung oder Feindseligkeit. Eine gedankliche Auseinandersetzung mit dem bereits Gesagten oder dem noch zu Erwartenden findet nicht mehr statt. Es hat an einer Stelle geklickt, und die Frage nach der Wahrheit des Gesagten oder der Integrität des Redenden ist ausgeblendet.

Wenn wir andere so annehmen wollen, wie Christus Menschen angenommen hat, sollten wir den Relais-Glauben weiträumig umfahren. Jesus hat immer wieder die Schubladeneinteilung aufgebrochen – z.B. auch, als er in seiner Geschichte von dem ausgeraubten und halb tot geschlagenen Reisenden nicht die jüdischen Religionsfunktionäre zu Vorbildern der Hilfsbereitschaft erklärte, sondern einen Samariter, den Angehörigen eines politisch und religiös verfemten Volksstammes (Lukas 10,25-37). Um einen solchen vorurteilsfreien Blick auf unsere Gegenüber dürfen wir Gott bitten, damit wir Menschen aus anderen Ländern, sozialen Schichten und Religionen aus der Menge herausnehmen und sie als von Gott geliebte Geschöpfe behandeln können.

3. Einander ernst nehmen

Einen Menschen »anzunehmen« heißt dann natürlich auch, diesen Menschen in seiner ganzen Persönlichkeit ernst zu nehmen. Ein schulterzuckendes »Du bist schon in Ordnung« genügt nicht. Das kann einfach Ausdruck von Faulheit sein: »Ich mag mich jetzt nicht mit der Komplexität deines Lebens beschäftigen. Bei dir klaffen zwar Anspruch und Wirklichkeit weit auseinander, aber ich tu jetzt einfach mal so, als hättest du keinen Entwicklungsbedarf zum Besseren hin.« Ein Schulterzucken kann natürlich auch persönliche Geringschätzung bedeuten: »Du bist mir so egal, dass sich eine Auseinandersetzung mit dir nicht lohnt.« Wenn wir so miteinander umgehen, nehmen wir uns und unseren Mitmenschen die Chance, im Glauben und Reden und Handeln zu wachsen. Jesus behandelte Menschen ganz anders – einen jungen Geschäftsmann ließ er über sein ganzes Leben, seine Träume und seine Begrenzungen sprechen:

Ich müsste ja eigentlich gerade jetzt mit den drei Händlern aus Phönizien zusammensitzen, die mir die Glasgefäße für den Markt in Jerusalem liefern sollen. Und ich müsste mit meinem Verwalter über den günstigsten Zeitpunkt für die Weinlese am Karmelberg reden. Die Pacht der Felder südlich von Betsaida steht auch noch aus, und ich muss mir überlegen, wen ich dort hinschicke, um den Pächtern klarzumachen, dass sie sich mit den Zahlungen jetzt endlich beeilen sollen. Alles das ist doppelt schwer, wenn man sich dabei bemüht, Gottes Gebote einzuhalten. Es gibt viele Leute in diesem Land, die sich rücksichtslos durchsetzen und dabei andere Menschen beschädigen. Ich selbst habe mir in dieser Beziehung nichts vorzuwerfen. Aber es bedeutet sehr viel Nachdenken, meinen Besitz mit Mitteln zusammenzuhalten, die Gott gefallen.

Ja, eigentlich habe ich alle Hände voll zu tun. Aber ich laufe hier mit einer Menge von Leuten hinter diesem Rabbi her, von dem ich schon so viel gehört habe und dessen Worte und Geschichten mich begeistern. Er sagt Dinge über Gott, die man sonst nicht in der Synagoge hört, und ich möchte doch gern, dass Gott wohlgefällig auf mein Leben sieht. Wenn ich diesem Jesus zuhöre, gehen in meinem Kopf plötzlich Fenster auf, durch die ich eine ganz andere Welt sehe. Es ist eine Welt voller Freiheit und Weite und Ewigkeit, und ich möchte sie unendlich gern kennenlernen. Ich möchte gern ewig leben, und ich würde alles tun – auch noch zusätzliche Gebote halten –, um das zu erreichen.

Da vorn ist er gerade stehen geblieben und redet mit einem Bettler am Straßenrand. Unnahbar scheint er wirklich nicht zu sein. Möglicherweise hört er ja auch mir zu. Ich dränge mich jetzt einfach mal nach vorne, auch wenn ich ein paar entrüstete Blicke ernte, die mir Unhöflichkeit vorwerfen. So, von hier aus kann ich ihn nicht nur hervorragend sehen, sondern ich kann ihm auch, wenn er sich umdreht, eine Frage stellen.

Als er dem Bettler seine Fragen beantwortet und einen seiner Jünger angewiesen hat, ihm etwas Geld zu geben, dreht er sich um und ich kann ihm ins Gesicht sehen. Dieser Mann ist wirklich etwas ganz Besonderes. Seine Augen streifen nicht nur die Köpfe der Umstehenden, sondern er scheint jedem Mann und jeder Frau in die Seele zu schauen. Auch mich sieht er an. Dieser Blick dauert vielleicht nur eine Sekunde, aber es kommt mir vor, als nähme Jesus sich gerade eine Stunde Zeit für mich. Ich nehme all meinen Mut zusammen und stelle ihm meine wichtigste Frage. In diesem Leben besitze ich ja eigentlich schon alles, und deshalb frage ich ihn: »Meister, was muss ich Gutes tun, damit ich ewiges Leben habe?«

Was er mir antwortet, enttäuscht mich ein bisschen. Dass Gott gut ist, sagt er, und dass ich durch das konsequente Halten der Gebote ewig leben werde. Das weiß ich doch alles, und die Gebote habe ich schon immer eingehalten. Er muss also was anderes im Sinn haben, und vielleicht gibt es ja wirklich noch andere Gebote, die ich gar nicht kenne. »Welche Gebote?«, frage ich ihn zögernd.

Jetzt nennt er mir einfach alle die Gebote, die ich im Kopf und im Herzen trage und die ich jeden Tag erfülle: nicht töten, nicht die Ehe brechen, nicht stehlen, nicht lügen und Vater und Mutter ehren. Zum Schluss sagt er noch: »Liebe deinen Nächsten wie dich selbst.«

Klar. Das weiß ich alles, denn das habe ich von meinen Eltern und meinen Lehrern gehört, und das befolge ich schon seit Langem. Die mehr als sechshundert Gebote, die die heiligen Schriften enthalten, habe ich mit viel Mühe auswendig gelernt, und ich wüsste wirklich nicht, wann ich sie übertreten hätte. Für meinen religiös einwandfreien Lebenswandel bekomme ich ja auch viel Lob von Menschen um mich her. Ich sage ihm das. Er mag denken, dass ich jetzt den Mund ziemlich voll genommen habe, und ich erwarte eigentlich, dass er mir aufzählt, wo ich möglicherweise nicht genug getan habe: »Du musst dich noch mehr anstrengen.« Alle Schriftgelehrten geben mir jedenfalls immer das Gefühl, dass ich beim Gebotehalten noch nicht genügend

Energie aufgewendet habe und noch was drauflegen muss: »Irgendwo hast du sicher ein Gesetz übertreten. Irgendwann hast du jemanden übervorteilt. Irgendwie hast du andere nicht so wie dich selbst geliebt.«

Aber nein – er macht mir keinen einzigen Vorwurf und formuliert keine einzige Extraforderung. Er nimmt das ernst, was ich gesagt habe, und scheint mir meinen guten Willen abzunehmen. Tatsächlich fordert er mich auf: »Folge mir nach.« Aber vorher sagt er: »Eins fehlt dir noch: Geh und verkaufe alles, was du hast, und gib das Geld den Armen. Dann wirst du einen Schatz im Himmel haben.«

Das will ich nun nicht gerade hören. Wie soll ich das denn Shulamith beibringen? Sie hat sich so an unseren Reichtum und unser angenehmes Leben gewöhnt, dass sie mit Sicherheit ausrasten würde, wenn ich unsere Häuser, unsere Felder und Weinberge und unsere Marktstände verkaufte. Wir können doch nicht einfach alles das aufgeben, nicht unseren ganzen Lebensstil hinter uns lassen. Dazu haben wir zu viel Kraft investiert. Dazu hängt unser Herz zu sehr an dem, was wir erreicht haben.

Einen Augenblick schaue ich ihn traurig an; dann schüttele ich stumm den Kopf und wende mich zum Gehen. Im Umdrehen höre ich noch, wie er sich seinen Jüngern zuwendet: »Ich will euch die Wahrheit sagen: Es ist sehr schwer für einen Reichen, in den Himmel zu gelangen. Ich sage es noch einmal: Eher geht ein Kamel durch ein Nadelöhr, als dass ein Reicher in das Reich Gottes kommt.«

Schlechte Aussichten für mich. Dann kann ich das mit dem ewigen Leben wohl vergessen. Aber ganz zum Schluss höre ich noch aus der Entfernung, wie er sagt: »Menschlich gesehen ist das unmöglich, aber bei Gott ist alles möglich.« Und dann bin ich schon zu weit weg, um ihn noch zu hören. (Matthäus 19,16-26)

Menschen in ihren Stärken und ihren Schwächen ernst nehmen: Jesus konnte das. Bei einer anderen Gelegenheit nahm er im Tempel eine arme Witwe ernst, als sie Gott alles opferte, was sie hatte. Zwar waren ihre zwei kleinen Kupfermünzen nur einen Bruchteil von dem wert, was die Reichen um sie her gaben, aber Jesus schaute nicht nur auf die harten finanziellen Fakten. Er sah die unterschiedlichen Startbedingungen der Armen und der Reichen, und er fällte ein ganz anderes Urteil als der Rest der Welt: »Wahrlich, ich sage euch: Diese arme Witwe hat mehr in den Gotteskasten gelegt als alle, die etwas eingelegt haben« (Markus 12,43). Von Äußerlichkeiten ließ er sich nicht täuschen, sondern er schaute durch Handlungen hindurch auf die dahinterliegenden Motive. Denen, die sich stärker fühlten, als sie eigentlich waren, verhalf er zu einer realistischen Einschätzung ihres Zustandes. Und denjenigen, die sich selbst verachteten, weil die Umwelt sie verachtete, gab er einen neuen Blick für sich selbst.

In anderen Worten: Jesus schaffte es, gerecht und liebend zugleich zu sein – eine Aufgabe, die für Menschen oft unlösbar erscheint. Ich muss bei dem Gegensatz von Liebe und Gerechtigkeit immer an die ungezählten Seminararbeiten, Klausuren und mündlichen Prüfungen denken, in denen ich als Hochschullehrer Noten zu vergeben hatte. Bei manchen Menschen fiel es mir nicht sehr schwer, eine schlechte Note unter eine Klausur zu schreiben, denn sie hatten sich in der Lehrveranstaltung ständig mit anderen unterhalten und durch häufiges Gähnen ostentativ Interesselosigkeit demonstriert. Jetzt waren die dadurch entstandenen Wissenslücken einfach offenbar geworden, und sie hatten sich die Note sozusagen selbst gegeben.

Aber da gab es auch die anderen, die Hochmotivierten, die mit jeder Frage echtes Interesse am Stoff erkennen ließen und nun doch in der Klausur ihr Wissen nicht parat gehabt hatten. Vielleicht waren sie mir sogar menschlich sympathisch und ich hatte ihnen in Gesprächen abgespürt, dass auch sie mich mochten. Bei ihnen fiel es mir naturgemäß schwerer, eine schlechte Note unter die Arbeit zu schreiben. Die Versuchung war groß, aus Sentimentalität beide Augen zuzudrücken und Fehler zu übersehen oder nicht als Fehler zu markieren. Aber das wäre gegen die pädagogischen Rahmenbedingungen gewesen, ich hätte die Maßstabsgleichheit innerhalb der Seminargruppe verletzt, und ich hätte vor allem menschliche Persönlichkeiten nicht ernst genommen – denn auf dieser Erde sind wir alle nicht vollkommen, und um auf irgendeinem Gebiet besser zu werden, müssen wir aus Fehlern lernen. Jemanden über die offensichtliche Unvollkommenheit seines Denkens und

Handelns im Unklaren zu lassen, heißt, ihn nicht ernst zu nehmen und ihm die Chance zu nehmen, sich weiterzuentwickeln.

In einer Prüfungsarbeit sind sprachliche Fehler, die das Verständnis zwischen Schreiber und Leser erschweren oder unmöglich machen, nicht akzeptabel, und die muss ich anstreichen. Das so zu tun, dass der Fehlermacher sich dadurch nicht persönlich herabgesetzt fühlt, sondern darin sogar eine Gelegenheit zum eigenen Weiterkommen sieht, ist eine große Kunst und braucht ständige Übung. Wo Liebe und Gerechtigkeit sich gegenseitig das Terrain streitig machen wollen, wird es immer um Fingerspitzengefühl, um eine Prüfung unserer Motive und um eine Abwägung der Folgen gehen. Vielleicht sollten wir dabei öfter an den alten Satz denken: Christus hat die Sünde gehasst, aber den Sünder geliebt.

Einen Gesprächspartner in seiner Persönlichkeit und seinem Anliegen ernst zu nehmen ist dabei nicht etwa eine Leistung, die nur dem anderen etwas Gutes tut. Wer kann denn seiner selbst und seiner Kenntnisse so gewiss sein, dass er nichts mehr zu lernen hätte, dass er nicht mehr von der Position eines anderen Menschen profitieren könnte? Es ist doch möglich, dass es einen selbst entscheidend weiterbringt, wenn man eine nicht in den eigenen Kram passende Meinung ernst nimmt. Als die *Titanic*, der nach allgemeiner Meinung unsinkbare Dampfer, sich tückischen Eisbergen näherte, bekam sie von einem in der Nähe fahrenden Schiff einen Funkspruch, der sie vor der tödlichen Gefahr warnte. Aber der Funker des Luxusliners war zu sehr beschäftigt, private Radiobotschaften an die Passagiere weiterzuleiten, und funkte nur zurück: »Lasst mich in Ruhe, lasst mich in Ruhe – ich hab zu tun.« Hätte er die Warnungen seiner Funkpartner nur ernst genommen.

4. Einander in den Arm nehmen

Ich kann ihn noch gar nicht sehen. Dazu drängen sich viel zu viele Leute um ihn herum. Überall nur Große, und keiner geht mal zur Seite, um uns Kinder durchzulassen. Baruch und Hanna, die ein bisschen längere Beine haben, flüstern mir aber zu, dass er hinten bei den Olivenbäumen steht. Laut dürfen wir nicht reden, damit wir die anderen nicht beim Zuhören stören.

Ganz lange spricht er jetzt schon, und immer wieder kommen Leute auf ihn zu und fragen ihn was. Manche Stimmen klingen aufgeregt, aber seine klingt so, dass ich mir wünsche, ich könnte ihn sehen. Mutter hat gesagt: »Ich bin froh, dass Jesus in unsere Gegend gekommen ist. Weil wir nicht in Jerusalem wohnen, bekommen wir ja sonst wenig vom Weltgeschehen mit.« Was »Weltgeschehen« heißt, weiß ich nicht. Ich weiß nur, was in unserem Dorf geschieht und was wir beim Spielen alles erleben. Dass neulich der Hund von Jonathan gestorben ist, war schlimm. Aber schön war das Fest, als meine älteste Cousine Rahel geheiratet hat. Die ist schon viel größer als ich.

Mutter hat auch gesagt: »Jesus macht viele Kranke gesund. Und es hat schon Menschen gegeben, die ihn nur anfassten und dadurch gesund wurden. Weißt du – vielleicht sollten wir einfach mal zu ihm hingehen und ihn fragen, ob er dich und deine Geschwister segnet. Das ist bestimmt gut für euch.« Ich weiß nicht genau, was »segnen« heißt, aber ich finde es spannend, dass wir hierher gekommen sind.

Wenn wir bloß näher an ihn rankommen könnten. Aber das denken wohl alle, denn sie schieben sich gegenseitig zur Seite, um besser hören zu können. Und es ist wie immer: Die Großen halten uns Kleine für nicht so wichtig. Jetzt hat es Mutter trotzdem durch ein paar kleine Lücken nach vorn geschafft. Auf dem Arm hat sie meine kleine Schwester Hefzi-Bah, und Baruch und Hanna schiebt sie vor sich her. Ich halte mich hinten an ihrem Kleid fest, damit ich sie nicht verliere. Nach einer Weile hat sie sich nach vorn durchgedrängt, und jetzt sehe ich zum ersten Mal Jesus.

Da vorne sitzt er und antwortet auf lauter Fragen, die ihm einige Männer stellen. Es sind wohl welche von den Leuten, die sich Pharisäer nennen. Von denen sagt Vater immer: »Die sind mir zu fromm. Die meinen es vielleicht gut, aber sie leben in einer ganz engen Welt. Und sie finden, dass sie besser sind als wir, haben aber trotzdem immer Angst, was Falsches zu tun.« Was er mit »fromm« meint, ist mir nicht ganz klar. Aber diese ernsten Männer machen mir ein bisschen Angst.

Jesus scheint keine Angst vor ihnen zu haben. Vielleicht, weil außer den Pharisäern auch noch seine Freunde bei ihm stehen. Davon hat Vater uns heute Morgen erzählt: Immer sind zwölf Männer bei ihm, die sich seine »Jünger« nennen. Die müssen es gut haben, weil sie ihn alles fragen können. So wie jetzt, als sie sich in das Gespräch einmischen. Und Jesus sagt zu ihnen etwas vom »Himmelreich«.

Mutter bleibt eine Weile mit uns vorne am Rand der Menge stehen, aber nun scheint sie zu denken, dass wir schon geduldig genug gewesen sind. Sie geht mit uns auf Jesus zu. Links neben uns und auf der anderen Seite von ihm machen es ihr zwei Familien nach. Vielleicht wollen diese Mütter auch, dass Jesus ihre Kinder »segnet«. Aber kaum sind wir ein paar Schritte gegangen, kommen drei von den Jüngern auf uns zu, versperren uns den Weg und fragen Mutter, was ihr einfällt. Mutter sagt nur: »Ich möchte, dass Jesus die Hände auf meine Kinder legt und für sie betet.«

Sie hat diesen Satz noch kaum zu Ende gesagt, da reden die Männer alle durcheinander auf uns ein: »Das hier ist ein Gespräch unter Erwachsenen. Da haben Kinder nichts zu suchen.« – »Wartet gefälligst ab, bis der Meister ausgeredet hat. Habt ihr denn überhaupt keine Manieren?« – »Hier fragen gerade Gelehrte, was in den heiligen Schriften steht. Da gehört es sich nicht, mit privaten Wünschen in die Unterhaltung zu platzen.«

Au weia. Da bekommt Mutter ja richtig geschimpft. Als wäre sie ein Kind wie wir. Ich klammere mich an ihr Bein und verstecke mich in den Falten ihres Kleides und halte mir einfach die Ohren zu. Vielleicht war das wirklich keine gute Idee von ihr, uns hierher zu bringen.

Mutters Bein bewegt sich und ich tauche wieder aus den Falten auf. Anscheinend hat Jesus sich eingeschaltet und uns zu sich hergewinkt. Gerade höre ich, wie er sagt: »Lasst die Kinder zu mir kommen. Versperrt ihnen nicht den Weg. Kinder sind genau die Art von Menschen, denen das Himmelreich gehört.«

Was meint er damit? Findet er uns etwa genauso wichtig wie die gelehrten Männer und die Jünger um ihn herum? Was genau er mit »Himmelreich« meint, weiß ich auch jetzt noch nicht, aber er schaut uns so freundlich an, dass wir einfach losgehen. Nein, er schaut nicht uns an – ich habe das Gefühl, dass er mich ganz allein anschaut.

Und jetzt sind wir bei ihm angekommen, und er nimmt zuerst Hefzi-Bah auf den Arm und streichelt ihr Gesicht. Sie greift mit ihren kurzen Armen nach seinem Kopf und bringt dabei seine Haare durcheinander. Doch darüber lacht er nur. Im nächsten Augenblick hänge dann ich auf seiner Schulter und seine Hand streicht mir sachte über den Rücken. Nie werde ich das vergessen. Nie, so lange ich lebe. Zum Schluss legt er die Hände auf unsere Köpfe – auch auf die von Baruch und Hanna und auf die von den anderen Kindern – und bittet Gott darum, dass wir gesund bleiben und dass uns der Höchste vor dem Bösen behütet. Nie werde ich das vergessen. (Markus 10,13-16)

Um die ganze Welt gingen am 30. Oktober 2013 die Bilder einer Ansprache, die Papst Franziskus beim Familientag des Vatikans hielt. Konzentriert sprach der Papst ins Mikrofon, schaute ab und zu in sein Manuskript und oft in die Tausende von Gesichtern auf dem römischen Petersplatz. Mitten in der Rede hielten die um ihn herum sitzenden kirchlichen Würdenträger und die Zuhörer auf dem Platz den Atem an, als ein kleiner Junge in einem gelben Hemd auf die Bühne kletterte und sich völlig unbefangen neben den Papst stellte. Es war, wie sich später herausstellte, ein kleiner Kolumbianer, adoptiert von italienischen Eltern. Ohne jede Scheu ging er auf Franziskus zu, legte den Kopf auf die Seite und beobachtete den redenden Papst. Nach einer Weile umarmte er dessen rechtes Bein, winkte in die Menge hinein und setzte sich zwischendurch auf den Sessel des Oberhauptes der römisch-katholischen Kirche. Ein Kardinal versuchte vergeblich, den Jungen von Franziskus wegzuziehen, und ein Sicherheitsbeamter probierte es mit Bestechung: Er griff in die Tasche und hielt dem Jungen eine Süßigkeit hin. Doch der ließ sich damit nicht weglocken; er griff zu, nahm das Bonbon und ging wieder zum Papst. Als dieser sich einzelnen Flüchtlingen aus Lampedusa zuwendete, holte der kleine Junge ein weiteres Kind vom Bühnenrand und führte es in die Nähe des Papstes.

Was tat der Papst? Er war nicht etwa abweisend oder ärgerlich über die Ablenkung von seiner Rede, sondern er schien die Unbefangenheit des Kleinen regelrecht zu genießen. Einige Male legte er seine rechte Hand auf den

Kopf des Jungen (wie er es zuvor schon bei vielen anderen Kindern getan hatte), er lächelte ihm zu und redete weiter, als gehöre das alles zum Programm. Die Medien waren begeistert und Millionen von Fernsehzuschauern in aller Welt ebenso.

Vielleicht haben damals auch die Jünger Jesu versucht, die Kinder von ihrem predigenden Meister wegzuziehen; vielleicht haben auch sie Bestechungsversuche gestartet, als die Mütter und Väter sich auf ihn zubewegten und sich einfach nicht verscheuchen ließen. Aber können Kinder überhaupt die Würde des Augenblicks stören? Ist ihre Welt und ihr Erlebnis des Augenblicks weniger wichtig als die Welt der Erwachsenen? Sind sie wirklich »geringer« als ältere Menschen? Schon in der Weisheitsliteratur des Alten Testaments wird vor der Verachtung der Geringen gewarnt.

Wer dich verachtet

Sprüche 14,31

Ein Blick streift dich flüchtig von oben herab.
Man runzelt die Stirne und wendet sich ab.
Und schräg von der Seite hörst du einen Satz;
und der sagt: Du bist völlig fehl hier am Platz.

Wer dich,
wer dich,
wer dich verachtet, lästert deinen Schöpfer.
Wer dich,
wer dich,
wer dich verletzt, der legt mit Gott sich an.

Nur weil du nie reich und berühmt werden wirst,
den Kampf um ganz vorne wohl immer verlierst,
weil du wenig Wissen hast und keine Macht,
wirst du in die Ecke gedrängt und verlacht.

Mit liebendem Blick und mit zärtlicher Hand
hat Gott dich gemacht und ins Leben gesandt.
Wer dich unterdrückt und mit Spott überhäuft,
muss wissen, an wem er sich wirklich vergreift.

Wer dich,
wer dich,
wer dich verachtet, lästert deinen Schöpfer.
Wer dich,
wer dich,
wer dich verletzt, der legt mit Gott sich an.

Aber Jesus geht noch einen Schritt weiter als das Buch
der Sprüche. Ihm sind Menschen wichtiger als Hierar-
chien, Begegnungen kostbarer als Lehrmeinungen. Er
stellt die gewohnte Rangordnung auf den Kopf, als er
sagt: ».. . denn ihnen gehört das Reich Gottes.« Nicht
die Klugen und die Starken, sondern die Vertrauens-
vollen und Schwachen nimmt er in den Arm. Als er den
nach jüdischem Recht noch längst nicht mündigen Kindern das Himmelreich zuspricht, zeigt er, wie vorausset-
zungslos Gott seine Gnade verschenkt. Oder besser: wie
er gerade denen gnädig sein will, die nicht meinen, sie
brächten selbst alle Voraussetzungen mit.

Gut – sagen wir an dieser Stelle –, wer nimmt denn
nicht gern Kinder in dieser Weise an? Wenn sie einen an-
lachen und die Ärmchen nach einem ausstrecken, kann
man doch gar nicht anders. Aber die gefühlte spontane

Zuneigung ist nur eine Spielart der Liebe, sagte schon Gerhard Tersteegen: »Liebe haben und Liebe fühlen ist nicht allezeit beisammen.« Wie sieht unsere Liebe zu denen aus, die mit uns streiten wollen, die sich zu unseren Feinden erklären? Ist es nicht naiv anzunehmen, wir könnten die so einfach lieben, auch wenn sie uns unsympathisch sind?

In der amerikanischen Bürgerrechtsbewegung gab es genügend Gelegenheiten, diese Liebe zu den Gegnern zu praktizieren. Dr. Martin Luther King, Jr. gab dabei immer zu bedenken, dass die emotionale Liebe zwischen Menschen, die einander sympathisch sind, etwas anderes ist als jene Liebe, die zunächst nicht erwidert wird: »Wenn wir an dieser Stelle von Liebe reden, meinen wir nicht ein sentimentales oder zärtliches Gefühl. Es wäre Unsinn, von Menschen eine zärtliche Liebe zu ihren Unterdrückern zu fordern. Liebe bedeutet hier, dass man den guten Willen hat, andere zu verstehen und ihnen Gutes zu tun. Wenn wir davon reden, dass wir unsere Gegner lieben, . . . sprechen wir von einer Liebe, die durch das griechische Wort *agape* ausgedrückt wird. *Agape* ist der gute Wille, alle Menschen zu verstehen und ihnen wohlzutun. Es ist eine überfließende Liebe, die ganz spontan, unmotiviert, grundlos und schöpferisch ist. Es ist die Liebe Gottes, der im menschlichen Herzen am Werk ist.«

In der Praxis war diese gebende Liebe manchmal sehr schwer zu praktizieren, vor allem in den heißen Phasen rassistischer Übergriffe. Als 1965 in Montgomery, Alabama, afroamerikanische Studenten vor dem Kapitol für ihre Bürgerrechte demonstrierten, wurden sie von berittenen weißen Polizisten angegriffen und verprügelt. Den Verletzten wurde stundenlang medizinische Hilfe verweigert. Als diese Nachricht im knapp 90 Kilometer entfernten Selma eintraf, kochte die vor der dortigen Ebenezer Church versammelte Menge von schwarzen und weißen Bürgerrechtlern vor Wut; trotz der auf der anderen Straßenseite postierten Soldaten und der Polizisten des gefürchteten Sheriffs Jim Clark wäre man am liebsten sofort nach Montgomery losmarschiert.

In dieser Situation trat ein junger Pastor ans Mikrofon und sagte: »Wir sollten ein Lied singen.« Er begann mit der Zeile »Liebt ihr Martin King?« Diejenigen, die das Lied kannten, sangen als Antwort: »Ganz gewiss, o Herr.« – »Liebt ihr Martin King?« – »Ganz gewiss, o Herr.« – »Liebt ihr Martin King?« – »Ganz gewiss, ganz gewiss, ganz gewiss, o Herr.« Als Nächstes kam der Name eines anderen Mitglieds der Bürgerrechtsorganisation Southern Christian Leadership Conference, und wieder antwortete die Menge: »Ganz gewiss, ganz gewiss, ganz gewiss, o Herr.« Weitere Namen folgten und die Menge bewegte sich zur Melodie.

Ohne Vorwarnung setzte der Pastor in den Text den Namen des Sheriffs ein: »Liebt ihr Jim Clark?« Wie bitte? Den Sheriff? Die Antwort blieb einigen der Sänger im Mund stecken, aber einige brachten doch ein stockendes »G-g-ganz gewiss, o Herr« hervor. Noch einmal kam die Frage: »Liebt ihr Jim Clark?« Diesmal war die Antwort schon etwas deutlicher: »Ganz gewiss, o Herr.« Beim nächsten Mal war die Botschaft angekommen, und die

Antwort lautete: »Ganz gewiss, ganz gewiss, ganz gewiss, o Herr.«

Ein anderer Pastor nahm das Mikrofon und rief auf die andere Straßenseite hinüber: »Es ist nicht genug, Jim Clark zu besiegen – Jim, hören Sie mich? Wir wollen, dass Sie sich bekehren. Wir können nicht gewinnen, indem wir unsere Unterdrücker hassen. Wir müssen sie durch Liebe verändern.« Walter Wink, der von diesem Ereignis berichtet, erzählt, dass sich Sheriff Clark danach tatsächlich in seiner Einstellung wandelte – zunächst möglicherweise, um afroamerikanische Stimmen für seine Wiederwahl zu ergattern, aber später wohl wirklich aufrichtig.

Ein letztes Beispiel aus unseren Tagen. Reverend Kingsley Weerasinghe arbeitet als methodistischer Pastor und Superintendent in Colombo auf Sri Lanka. Er erzählte mir von den Schwierigkeiten, die eine seiner früheren Gemeinden mit ihrer buddhistischen Umgebung hatte. Dass im Laufe der Zeit eine ganze Reihe Buddhisten Christen wurden, war den Mönchen eines buddhistischen Klosters in einem Nachbarort immer mehr ein Dorn im Auge.

Eines Tages erschienen fünfzig Mönche in ihren gelben Gewändern vor der Methodistenkirche und forderten die Christen lautstark auf, ihre Gemeindearbeit einzustellen. Zum Beweis ihrer Entschlossenheit warfen sie Steine gegen das Gebäude. Reverend Weerasinghe konnte sie nur mit großer Mühe und viel Geduld dazu bewegen, wieder abzuziehen. Mit zwei Gemeindeältesten ging er nach ein paar Tagen zum Kloster und suchte das Gespräch mit dem obersten Mönch, um, wenn möglich, das Klima zwischen den Religionen zu verbessern. Er wurde noch nicht einmal vorgelassen; der Leiter des Klosters hatte keinerlei Interesse an einem Gespräch.

Einige Zeit später gingen über dem Gebiet heftige Wolkenbrüche nieder, und das Dorf, in dem das Kloster lag, wurde von gewaltigen Überschwemmungen heimgesucht. Ein beinahe totaler Ernteausfall war die Folge, und die Bewohner und die Mönche sahen ihre gesamte Zukunft gefährdet. Und weil auch die meisten Vorräte verdorben waren, fehlte es allein schon für die nächsten Wochen an den nötigsten Nahrungsmitteln und an sauberem Trinkwasser. In dieser Lage war es für die christlichen Gemeinden in der Gegend überhaupt keine Frage, dass sie Hilfsgüter spendeten und in das Überschwemmungsgebiet transportierten. Lastwagen nach Lastwagen rollte aus den Gemeindezentren an, und die Menschen, einschließlich der Mönche, konnten aufatmen und fassten neuen Mut.

Es war diese selbstverständliche und selbstlose Hilfe, die das Eis brach. Als Kingsley Weerasinghe nach einiger Zeit dem obersten Mönch begegnete, sagte dieser: »Ihr habt uns als Christen so freigebig und selbstlos geholfen – ihr könnt gar nicht gegen uns sein.« Diese Haltung prägte von nun an das Verhältnis der Buddhisten zu den Christen. Auch einige Einwohner, die die buddhistischen Mönche in ihrem anti-christlichen Kurs unterstützt hatten, kamen und bedankten sich ausdrücklich für die Hilfe. Sie baten die Christen, in der Gegend zu bleiben und sie beim Bau eines Bürgerhauses zu unterstützen. Diese engagierten sich gern, und die Kirchen sind seither als selbstverständlicher Teil der Gesellschaft anerkannt. Dass die Gemeinden den selbsterklärten Gegner so liebevoll umarmt hatten, hatte ihn gewonnen.

5. Konflikte miteinander aufnehmen

Gestern dachte ich, ich könnte die Schmerzen aushalten und es würde vielleicht sogar etwas besser mit mir, aber heute am Sabbat tut mir mein Rücken wieder unglaublich weh. Schon beim Aufstehen habe ich gewusst: Der gestrige Tag war eine Ausnahme. Was ich jetzt achtzehn Jahre lang mit mir herumgetragen habe, wird weiter wie eine zentnerschwere Last auf mir liegen. Tag für Tag.

Längst hat sich meine Umgebung an meine Krankheit gewöhnt. Am Anfang haben sie mich erschreckt angeschaut, wenn ich Woche für Woche ein wenig gebeugter durch unser Dorf geschlichen bin. Manche haben mich in den Arm genommen und getröstet, haben Fragen gestellt und versucht, mir Hoffnung zu machen. Irgendwann hatte man sich aber dann an meinen Anblick gewöhnt, und allmählich hat die Anteilnahme nachgelassen. Kaum noch Fragen nach meinem Ergehen, kaum noch mitfühlende Blicke und erst recht keine Worte, die mich aufrichten wollen.

Auch hier in der Synagoge komme ich mir unsichtbar vor. Die Männer können uns Frauen sowieso nur aus der Ferne sehen, und die Frauen um mich her sind entweder mit sich selbst beschäftigt oder schauen bewusst in eine andere Richtung, wenn ich ihren Blick suche. Ob sie sich vor meinem Anblick einfach nur ekeln? Ob sie wie so viele denken, dass mich dieses Schicksal zu Recht ereilt hat, weil ich bestimmt gesündigt habe? Oder ob sie sich schämen, gesünder als ich zu sein?

Und doch tut mir der Sabbatgottesdienst heute gut. Der Lehrer, der gerade spricht, hat eine gute, ruhige Stimme. Der Vorsteher hat ihm das Wort erteilt, nachdem wir die Lesung gehört haben, und jetzt werden die Sätze aus der Heiligen Schrift plötzlich farbig. Warum können nicht alle unsere Schriftgelehrten so lebendig reden? Von diesem Jesus und seinen Predigten spricht man ja überall im Land, und es gibt eine Menge Menschen, bei denen er nicht nur die Seele, sondern auch den Körper geheilt hat. Mir konnte und wollte noch nie jemand helfen, und meine Stimmung ist genauso nach unten gebeugt wie mein Rücken.

Hat er jetzt gerade in meine Richtung geschaut? Ach, das bilde ich mir sicher nur ein, denn vor mir sitzen ja all die anderen, die Reichen und die Gesunden und die Angesehenen. Bestimmt hat er mit seinem Blick einen von denen gemeint. Aber nein – er schaut wieder genau hierhin, wo ich sitze und wo meine Augen schräg von unten versuchen, einen Weg zwischen den Schultern meiner Vorderleute zu finden. Und jetzt – ich fasse es nicht – ruft er mir über die Köpfe der anderen hinweg zu, dass ich nach vorne kommen soll. Bloß nicht. Ich, ein Krüppel von einer Frau, kann doch nicht über alle Regeln hinweg die Aufmerksamkeit auf mich ziehen.

Die Hälfte des Weges habe ich geschafft, aber mein Rücken tut jetzt wieder richtig weh. Ich glaube kaum, dass ich alleine bis zu ihm komme, aber ein paar Hände stützen mich nun, und endlich stehe ich direkt vor ihm. Dass ich so krumm aussehe, hat er bestimmt nicht geahnt. Aber er sieht nicht enttäuscht aus. Ganz im Gegenteil. So wie er hat mich noch nie jemand angesehen. Und ich kann nicht glauben, was er jetzt sagt: »Frau, du bist von deiner Krankheit befreit.«

Ich bin versucht zu denken: »Das sagt sich ja leicht, aber du müsstest wissen, wie lange ich diesen krummen Rücken schon mit mir herumtrage.« Da streckt sich auch schon seine linke Hand nach unten und legt sich auf meine Schulter, und ich spüre das, wovon ich achtzehn Jahre lang geträumt habe. Als zerplatzte ein Getreidesack, den mir irgendjemand aufgebürdet hat, und als machten die rieselnden Körner die Last auf mir immer leichter. Oder nein: als wären dicke Seile zerschnitten worden, mit denen mich jemand zu einem krummen Bündel zusammengeschnürt hat. Ich kann mich aufrichten – einen Fingerbreit nach dem anderen.

Es ist ein Wunder! Was immer sie mir eingeredet haben, stimmt nicht. Gott hat mich nicht verlassen. Dieser Lehrer Jesus hat meine Schmerzen und meine Hoffnungslosigkeit in eine unbeschreibliche Freude und Lebenslust verwandelt. Ich werde wieder unbehindert und ohne fremde Hilfe laufen, die Krüge von oben auf dem Fenstersims holen, die Äpfel vom Baum pflücken können. Gott sei gelobt! Ich fange an zu singen und rede wirres Zeug, aber es ist alles ein großes Lob an den Schöpfer, der mich durch die Hand dieses Lehrers geheilt hat. Wirklich geheilt? Ich kann es immer noch nicht glauben, drehe die Schultern nach rechts und nach links, aber es tut nichts mehr weh. Nichts scheint bei Gott unmöglich zu sein. Gelobt sei der Allmächtige!

Die Leute sind alle aufgesprungen und stehen um mich und den Lehrer herum. Es ist ein ohrenbetäubendes Geschnatter. Einige rufen »Halleluja«, andere haben Tränen der Rührung in den Augen, und manche streichen mir mit den Händen über den Rücken, um festzustellen, ob er wirklich wieder heil und gerade ist. Aber ein paar schauen auch ganz verbiestert drein und tuscheln miteinander. Warum freuen die sich nicht mit? Der Vorsteher unserer Synagoge hat wohl am meisten Probleme mit dem Wunder, das hier gerade geschehen ist. Mit erhobener Stimme kanzelt er uns ab und hält uns einen Vortrag über die Heiligung des Sabbat. In der Woche sollen wir kommen und uns behandeln lassen. Meine Heilung bezeichnet er als Arbeit – als wäre Jesus ein Arzt, der sich erst anstrengen musste, um mich gesund zu machen. Als hätte nicht der Allerhöchste selbst eingegriffen. Ich verstehe das einfach nicht: Ich bin doch nicht zum Gottesdienst gekommen, weil ich einen Menschen mit meiner Heilung beauftragen wollte. Jesus hat das einfach von sich aus getan.

Während sich der Vorsteher noch ereifert, schaut Jesus kurz zu mir herüber und scheint zu sagen: Mach dir keine Sorgen. Und dann fällt er dem Vorsteher ins

Wort und fragt ihn, ob er denn nicht seine Tiere am Sabbat auch losbindet, damit sie trinken können. Mich bezeichnet er als Tochter Abrahams, und damit sei ich doch nicht weniger wert als ein Ochse oder ein Esel. Wenn ich nicht schon mit geradem Rücken da stehen würde – diese Wertschätzung würde mich kerzengerade aufrichten.

Ich hätte mich nie getraut, als Frau einem Synagogenvorsteher Widerworte zu geben. Aber dieser Jesus hat keine Angst und scheut anscheinend keine Auseinandersetzung. Unseren Vorsteher und die anderen mit den langen Gesichtern bezeichnet er glatt als Heuchler, denn sie messen ja wirklich mit zweierlei Maß: Wenn es um ihren eigenen Vorteil geht, drücken sie ein Auge zu und verrichten am Sabbat manche notwendigen Arbeiten, aber wenn es um die Gesundheit und die Befreiung anderer Menschen geht, wenn deren Not gewendet werden soll, bestehen sie kleinlich auf dem Buchstaben des Gesetzes.

Durch die offene Tür der Synagoge scheint die blendend helle Nachmittagssonne. Ich blinzele ins Licht und genieße Minute für Minute den Zustand der Schmerzlosigkeit. Der Rabbi hat nicht nur meinen Rücken von der Krankheit befreit; auch meine Seele fühlt sich befreit von den enttäuschten Hoffnungen, dem hohlen Trost meiner Umgebung und meinem Selbstmitleid der vergangenen achtzehn Jahre.

Was Jesus gesagt hat, zeigt inzwischen Wirkung. Der Vorsteher sieht deutlich weniger wütend aus – eher beschämt. Vermutlich hat er wirklich Tiere zu Hause und bindet sie auch am Sabbat los. Mit dieser wunderbaren kleinen Geschichte aus dem Alltag ist er überführt worden, aber sie hat ihn nicht verletzt. Dieser Rabbi ist nicht nur ein Wundertäter, der krumme Rücken aufrichtet. Er kann auch krumme Gedanken begradigen.

Während die ersten schon hinaus in die Sonne drängen, steht Jesus immer noch vorne, und der Vorsteher und seine Freunde reden mit ihm. Vielleicht wollen sie sich doch noch rechtfertigen, aber vielleicht murmeln sie auch kleinlaute Entschuldigungen. Ob sie sich noch irgendwann von Herzen mitfreuen werden, weiß ich nicht, aber meine Nachbarn jedenfalls sind völlig aus dem Häuschen. Sie stimmen Lieder an und rufen laute Dankgebete. So intensiv ist Gott in unserer Synagoge bestimmt lange nicht mehr gelobt worden. (Lukas 13,10-17)

Das Aufnehmen von Konflikten kann ein weiterer Schritt des Annehmens sein. Was, wenn die Temperaments- oder Traditionsunterschiede zwischen mir und meinen Freunden auf der einen Seite und einem anderen Menschen oder einer Gruppe auf der anderen so ausgeprägt sind, dass es zu ernsthaften, immer wieder aufbrechenden Konflikten kommt? Oder wenn Menschen aus heiterem Himmel und ohne erkennbare Gründe Streit vom Zaun brechen? »Es kann der Frömmste nicht im Frieden bleiben, wenn es dem bösen Nachbar nicht gefällt«, heißt es in Schillers *Wilhem Tell*. Solche irrationalen Konflikte tauchen manchmal genauso unvermutet auf wie die vielen sachlich begründeten Reibereien, die nichts mit Sympathie oder Antipathie zu tun haben. Sollen wir einfach alle Unterschiede ignorieren, um einen anderen Menschen, eine andere Gruppe überhaupt annehmen zu können? Sollen wir immer und in allem nachgeben? Sicher nicht.

Bei den Fraktionen in der römischen Gemeinde gab es einen in der Sache begründeten Konflikt. Wohin sollte das Schiff der Gemeinde steuern? Wie sollte Gemeindezugehörigkeit bzw. wie sollte überhaupt das Christsein definiert werden? Was musste geschehen, damit jemand als Christ bezeichnet werden konnte, und wie musste sein Christenleben dann in der Praxis aussehen? Zählte die Einstellung des Herzens mehr als die Einhaltung von traditionellen Regeln? Paulus spricht mit seinem Brief mitten in diese offenen Fragen hinein und schafft es, dass beide Fraktionen sich auf ihre Art bestätigt fühlen und trotzdem zueinander finden können.

Die Judenchristen hören von ihm, dass Gott dem jüdischen Volk nicht die Treue aufgekündigt hat. Die aus heidnischen Religionen stammenden Christen hören, dass nichts anderes einen Menschen vor Gott rechtfertigt als Gottes eigenes Handeln in Jesus Christus. Allein dass Jesus uns durch sein Sterben und seine Auferstehung den Weg zu Gott eröffnet hat, können – und müssen – die einen wie die anderen dankbar und vertrauensvoll annehmen. Ein solcher Richtungskonflikt muss nicht automatisch zum Rangordnungskonflikt werden (»Wir sind bessere Christen als ihr ...«), denn wer weiß, dass aller Glaube ein großes Geschenk Gottes ist, muss sich nicht mehr um die eigene Stellung Sorgen machen.

Es gibt natürlich in der Praxis eine Menge Dinge zu bedenken, damit man Konflikte in angemessener Weise aufnimmt und so mit ihnen umgeht, dass sie nicht eskalieren. Zum Beispiel ist der Tonfall wichtig und auch der richtige Zeitpunkt für die Konfliktlösung ist eine delikate Angelegenheit. In dieser Beziehung sollten wir uns ab und zu an den alten, Benjamin Franklin zugeschriebenen Ratschlag halten: »Denk immer dran, nicht nur das rechte Wort am rechten Ort zu sagen, sondern – was viel schwieriger ist – in einem verlockenden Augenblick das falsche Wort ungesagt zu lassen.«

Nein – es wird niemand ernsthaft behaupten, dass man Konflikte ungestraft über lange Zeit aussitzen oder unter den Teppich kehren kann. Verdrängte, ignorierte, oberflächlich zugekittete Streitereien blockieren das Zusammenleben und die gemeinsame Arbeit, und irgendwann brechen sie aus wie Vulkane. Deshalb lohnt es sich, Auseinandersetzungen nicht aus dem Weg zu gehen, sondern sie in angemessener Form miteinander auszuhandeln – so gut das geht.

Dr. Martin Luther King, Jr. beschrieb einmal im Zusammenhang des Vietnamkriegs, wie das ganz praktisch aussehen kann: »Hier haben Mitgefühl und Gewaltlosigkeit ihre wahre Bedeutung: Sie helfen uns, den Blickwinkel des Feindes zu sehen, seine Fragen zu hören, seine Einschätzung unserer eigenen Person kennenzulernen. Denn aus seinem Blickwinkel können wir tatsächlich die grundlegenden Schwächen unserer eigenen Lage sehen, und wenn wir genügend Reife besitzen, können wir lernen und wachsen und von der Weisheit derjenigen Brüder lernen, die man die Opposition nennt.« Streiten und sich zur gleichen Zeit noch lieben können: ein anspruchsvolles Programm, aber auch die große Chance der christlichen Gemeinde.

Gut, dass wir einander haben

Gut, dass wir einander haben,
gut, dass wir einander sehn,
Sorgen, Freuden, Kräfte teilen
und auf einem Wege gehn.
Gut, dass wir nicht uns nur haben,
dass der Kreis sich niemals schließt
und dass Gott, von dem wir reden,
hier in unsrer Mitte ist.

Keiner, der nur immer redet,
keiner, der nur immer hört.
Jedes Schweigen, jedes Hören,
jedes Wort hat seinen Wert.
Keiner widerspricht nur immer,
keiner passt sich immer an.
Und wir lernen, wie man streiten
und sich dennoch lieben kann.

Keiner, der nur immer jubelt,
keiner, der nur immer weint.
Oft schon hat uns Gott in unsrer
Freude, unserm Schmerz vereint.
Keiner trägt nur immer andre,
keiner ist nur immer Last.
Jedem wurde schon geholfen,
jeder hat schon angefasst.

Keiner ist nur immer schwach,
und keiner hat für alles Kraft.
Jeder kann mit Gottes Gaben
das tun, was kein andrer schafft.
Keiner, der noch alles braucht, und
keiner, der schon alles hat.
Jeder lebt von allen andern,
jeder macht die andern satt.

Gut, dass wir einander haben,
gut, dass wir einander sehn,
Sorgen, Freuden, Kräfte teilen
und auf einem Wege gehn.
Gut, dass wir nicht uns nur haben,
dass der Kreis sich niemals schließt
und dass Gott, von dem wir reden,
hier in unsrer Mitte ist.

Nein – nur das nicht! Jetzt kniet Jesus schon auf dem Boden, zieht die Schüssel mit dem Wasser zu sich heran und fängt an, uns einem nach dem andern die Füße zu waschen. Was gewöhnlich die Frauen des Hauses oder die Sklaven tun, wenn Gäste das Haus betreten, das tut jetzt er während unseres gemeinsamen Abendessens. Nur in Ausnahmefällen übernimmt so etwas der Hausherr, aber dass ein Gast die anderen Gäste auf diese Weise im Haus willkommen heißt, ist schon einmalig.

Mit Schürze habe ich Jesus noch nie gesehen. Aber da hat er schon ein Wasserbecken geholt und gefüllt, und jetzt kniet er auf dem Boden vor uns. Wenn er mit einem Paar Füße fertig ist, rutscht er weiter zum Nächsten und spült demjenigen den Staub ab. Warum ist eigentlich keiner von uns auf die Idee gekommen, zuerst Jesus die Füße zu waschen? Er als unser hochverehrter Lehrer hätte es ganz gewiss als Erster verdient. Und jetzt dreht er den Spieß einfach um – als seien wir die Ehrengäste und er der Haussklave. Irgendwas will er uns sicher damit sagen. Aber was?

Meinem Bruder Johannes und mir, Jakobus, hat er ja gerade erst den Kopf gewaschen, als unsere Mutter und wir ihn um einen Gefallen baten. Wir wollten von ihm die besten Plätze in seinem zukünftigen Reich zugesagt bekommen; wir waren schließlich unter den ersten, die er berufen hat, ihm nachzufolgen. Ohne Widerrede haben wir damals unseren Vater Zebedäus mit .den Netzen allein gelassen und sind hinter Jesus hergelaufen. Unsere Mutter muss das sehr getroffen haben. Aber als wir jetzt daraus ein bisschen Kapital schlagen wollten, haben wir eine klare Abfuhr bekommen. So ein machtpolitischer Vorstoß war wahrscheinlich auch wirklich fehl am Platze. Gerade hatte uns der Meister zum dritten Mal gesagt, dass er leiden und sterben muss. Wir können das immer noch nicht glauben; irgendwie haben wir alle ja von Anfang an darauf gehofft, dass er unser Land von den Besatzern befreit. Auf alle Fälle hat unsere Aktion Johannes und mir eine Menge Ärger mit den anderen Jüngern eingebracht. Meine Zeit, waren die sauer! Ob wir meinten, wir seien was Besseres? Wieso wir überhaupt auf die Idee kämen, dass Jesus uns vorziehen würde? Die Stimmung ist seitdem ziemlich mies.

Drüben auf der anderen Seite des Raumes gibt es gerade eine Diskussion. Natürlich ist es mal wieder Petrus, der sie vom Zaun gebrochen hat. Immer drängt der sich in den Vordergrund. Aber was er sagt, ist ja nur das, was wir alle insgeheim denken: »Herr, das kommt gar nicht in Frage: Du – und mir die Füße waschen?« Jesus lässt sich nicht beirren. Er schaut Petrus freundlich an. »Du verstehst sicher noch nicht, was ich hier tue. Hab einfach noch etwas Geduld – dann wird es dir klar werden.« Aber da kennt er Petrus schlecht. Der lässt sich nicht so schnell vertrösten. »Nein, das kommt überhaupt nicht in Frage! Du bist der Meister und ich der Schüler. Wenn irgendjemand hier kniet, dann kniet der Schüler, um seinem Meister die Füße zu waschen.« Er regt sich mal wieder richtig auf, unser Vorzeigejünger. Der soll noch mal behaupten, Johannes und ich würden uns aufspielen.

Aber Jesus bleibt ganz sachlich. »Du solltest wissen, dass das wichtig für dich ist. Wenn du mich nicht deine Füße waschen lässt, dann heißt das, dass du nicht zu mir gehören willst.« Das hätte er nicht sagen sollen. Bei solchen Stichwörtern läuft Petrus immer zu großer Form auf. »Entschuldige bitte, Meister. Das wusste ich nicht. Aber wenn das so ist, dann wasch mir bitte auch noch die Hände und den Kopf.«

Er streckt Jesus tatsächlich seine Hände hin und scheint allen Ernstes zu erwarten, dass er auch die noch gewaschen bekommt. Staubig genug sind sie ja von der Reise hierher. Auch jetzt spricht Jesus mit ganz ruhiger Stimme: »Lass gut sein, Simon. Wenn ich dir die Füße wasche, dann genügt das.«

Wir anderen haben zugehört – die einen lächelnd, die anderen sichtlich genervt von Petrus und seinem Versuch, ein bisschen heiliger als wir alle zu sein. So ist das halt bei uns: Irgendjemand versucht immer, die anderen auszustechen. Jesus scheint das auch so zu empfinden, denn er zieht die Schürze aus und sein Gewand an, setzt sich wieder hin und schaut uns alle so an, wie nur er es kann – so als wäre jeder von uns der einzige, mit dem er jetzt redet: »Lasst mich euch erklären, was ich gerade getan habe. Ich, den ihr ›Herr‹ und ›Meister‹ nennt, habe euch vorgemacht, wie es unter euch zugehen sollte. Simon hat recht: Eigentlich solltet ihr als meine Jünger mir die Füße waschen. Knechte sind nicht größer als ihre Herren. Aber ich habe die gewohnten Regeln einfach auf den Kopf gestellt und habe euch bedient. Das ist mein neues Programm. Wann immer der eine oder andere sich für vornehmer als die anderen hält, denkt daran: Wie ich euch überrascht und euch die Füße gewaschen habe, sollt ihr einander überraschen, indem auch ihr einander die Füße wascht. Ich habe euch gedient, und ihr solltet, statt euch voreinander aufzuspielen, einander genauso dienen, wie ich es getan habe. Das alles ist natürlich leichter gesagt, als getan, aber denkt daran, dass sich Gott freuen wird, wenn ihr es tatsächlich tut.«

Also das steckt dahinter: Jesus wollte uns ein Beispiel dafür geben, wie er sich unser Zusammenleben vorstellt. Typisch für ihn, dass er nicht nur Anweisungen gibt, sondern uns vorlebt, was er meint. Dass er nicht Wasser predigt und selbst Wein trinkt, nicht sich bedienen lässt, sondern selbst dient. Ja, das ist er: ein Herr, der nicht herrisch ist. Gott gebe, dass wir einmal so werden wie er. (Johannes 13,1-11)

Sich selbst zurücknehmen: Als Jesus seinen Nachfolgern die Füße wusch, war das natürlich noch viel mehr als eine vorbildliche Handlung, die sie nachahmen sollten. Es war Ausdruck seiner gesamten Gesinnung und Lebenshaltung, so wie Paulus sie im Brief an die Philipper beschreibt: »Lasst nicht zu, dass euch etwas gegeneinander aufbringt, sondern begegnet allen mit der gleichen Liebe und richtet euch ganz auf das gemeinsame Ziel aus. Rechthaberei und Überheblichkeit dürfen keinen Platz bei euch haben. Vielmehr sollt ihr demütig genug sein, von euren Geschwistern höher zu denken als von euch selbst. Jeder soll auch auf das Wohl der anderen bedacht sein, nicht nur auf das eigene Wohl. Das ist die Haltung, die euren Umgang miteinander bestimmen soll; es ist die Haltung, die Jesus Christus uns vorgelebt hat. Er, der Gott in allem gleich war und auf *einer* Stufe mit ihm stand, nutzte seine Macht nicht zu seinem eigenen Vorteil aus. Im Gegenteil: Er verzichtete auf alle seine Vorrechte und stellte sich auf dieselbe Stufe wie ein Diener. Er wurde einer von uns – ein Mensch wie andere Menschen. Aber er erniedrigte sich ›noch mehr‹: Im Gehorsam gegenüber Gott nahm er sogar den Tod auf sich; er starb am Kreuz ›wie ein Verbrecher‹« (2,2-8; NGÜ). Wenn Paulus die Gemeinde in Rom und uns auffordert, einander anzunehmen, wie Christus uns angenommen hat, dann gehört ganz sicher dazu die Bereitschaft, uns selbst so zurückzunehmen, wie Christus sich zurückgenommen hat.

Das ist überhaupt nicht politisch korrekt in einer Gesellschaft, die ständig von Wettbewerbsorientierung spricht, die gerne überall den Superstar sucht, in der beim Bewerbungsgespräch die Alphatiere den Zuschlag bekommen. Und doch funktionieren wesentliche Teile unseres gesellschaftlichen (und erst recht unseres gemeindlichen) Lebens nur, weil Menschen eben nicht das eigene Vorwärtskommen und die eigenen Machtbefugnisse im Kopf haben, sondern einfach anderen Menschen dienen.

Nicht nur die vielen Ehrenamtlichen, die einen großen Teil unseres sozialen, kulturellen, sportlichen und pädagogischen Lebens durch ihren Einsatz erst möglich machen – auch die Berufstätigen im Gesundheitssektor, in der Gastronomie und im übrigen Dienstleistungsgewerbe, die über die tariflichen Anforderungen hinaus ihre Arbeit verrichten, tun das, indem sie nicht ständig auf den ihnen zustehenden Rechten bestehen. Ebenso ist es in der Gemeinde: Ohne den treuen Besuchsdienst einzelner Gemeindeglieder würden einsame Ältere zu Hause verkümmern; ohne die vielen kleinen und unauffälligen Arbeiten im Hintergrund würde kein Gottesdienst gelingen; ohne die konsequenten Fürbitter im Verborgenen wäre manchen Pastorinnen und Pastoren schon längst die Luft ausgegangen. Leider existiert keine Statistik darüber, ob die wesentlichen Fortschritte in der Menschheitsgeschichte ohne die stillen Dienstleister überhaupt erreicht worden wären. Aber die Wahrscheinlichkeit ist hoch, dass es paradoxerweise nicht die lautsprecherischen Macher sind, die uns nach vorn bringen.

Sich selbst zurücknehmen: Jesus hat das gelebt, und er hat es uns vorgemacht, als er seinen Jüngern die Füße wusch. Doch wir müssen nicht denken, dass ein solcher Verzicht auf die Bestätigung des eigenen Status immer nur ein schmerzliches Opfer ist. Ich kann mir nicht vorstellen, dass Jesus beim Füßewaschen mürrisch vor sich hingeknurrt und seine Anstrengungen zur Schau gestellt hat. Es kann bei aller Mühe eine wunderbare Sache sein, anderen zu dienen.

Wir haben das einmal bei einer der Jahrestagungen

unserer Künstlergemeinschaft DAS RAD erlebt, die in Rothenburg ob der Tauber stattfand. Bei der Planung hatte der Leitungskreis auf einmal den Gedanken, den gewohnten festlichen Abend im Barocksaal zu einem ganz neuen Erlebnis zu machen. Mehr Geld als sonst hatten wir nicht zur Verfügung, aber vielleicht konnten wir ja mit unerwartetem Service punkten? Bisher hatte es außer den künstlerischen Darbietungen immer ein festliches Büfett gegeben, die Tagungsteilnehmer waren mit ihren Tellern um die wunderbar dekorierten Tafeln mit den regionalen Köstlichkeiten der fränkischen Küche herumgegangen und hatten sich selbst bedient. Warum nicht einmal ein richtiges Restaurantessen mit mehreren Gängen und persönlicher Bedienung am Tisch?, fragten wir uns. Aber wer sollte das leisten? Na klar: der Leitungskreis selbst.

Und so trafen wir uns am Nachmittag vor dem Festabend, ließen uns vom Küchenchef in die Geheimnisse des fachgerechten Kellnerns einweisen und sprachen die einzelnen Aufgaben ab. Ein Mitglied der Leitung hatte für bodenlange weiße Schürzen gesorgt, und mit dieser Dienstkleidung machten wir uns an die Arbeit. Formvollendet fragten wir nach den Wünschen der Teilnehmer, denen es sichtbar Spaß machte, sich bedienen zu lassen und uns mit kleinen Extras zu beauftragen. Damit die Speisen für die 130 Künstler warm auf den Tisch kamen, hieß es, die Wege in die Küche und zurück möglichst schnell zurückzulegen, aber dabei einander nicht umzurennen. Einer unserer Schauspieler gab den italienischen Oberkellner und brachte uns mit zahlreichen

Pizzeria-Sprachbrocken auf Trab: »Subito! Subito!« – »Prego, signore« – »Un poco parmesano?« Ab und zu brach er auch in irgendwelche improvisierten Gondoliere-Arien aus. Wir alle vom Leitungskreis hatten einen Riesenspaß. Und die tafelnden Tagungsteilnehmer offensichtlich auch. Von diesem Abend spricht man noch heute.

Die praktischen Auswirkungen einer dienenden, sich selbst zurücknehmenden Haltung können das Leben in der Familie, in der Gemeinde und im Beruf an vielen Stellen revolutionieren. Gary Chapman und Paul White bezeichnen »Hilfsbereitschaft« als die dritte Sprache der Wertschätzung: »Wenn wir uns in erster Linie darauf konzentrieren, persönlich vorwärtszukommen und die eigenen Ziele zu erreichen, ganz egal, wie sich das auf die anderen auswirkt, können zwischenmenschliche Spannungen das Wachstum behindern. Wahre Führungsqualität erfordert die Bereitschaft, anderen zu dienen – den Kunden oder den Mitarbeitern. Wenn jemand so hart arbeitet wie nur irgend möglich und trotzdem den Zeitplan nicht mehr einhalten kann, und wenn die anderen davon wissen und ein Kollege oder Vorgesetzter einspringt, damit die Aufgabe doch noch rechtzeitig erledigt wird, kann das für den Betreffenden und die Belegschaft eine sehr ermutigende Erfahrung sein.«

Einer hatte schon einen großen Felsbrocken in der Hand. Dunkelgrau und scharfkantig sah er aus, und ich schloss unwillkürlich die Augen, weil ich zu spüren meinte, wie weh er mir tun würde. Andere liefen noch herum und bückten sich nach anderen Steinen, als einer von ihnen rief: »Hört mal, was ich für eine Idee habe. Wie wäre es, wenn wir sie erst zu diesem Jesus von Nazareth bringen, der uns schon so lange ärgert? Er soll doch heute im Tempel reden, und vielleicht können wir ihm mit dieser Hure eine Falle stellen.«

Von wem redete er da? Ich hatte den Namen noch nie gehört. Aber mir war jede Minute Aufschub willkommen. Nicht, dass alle, die man steinigt, auch wirklich gleich dabei umkommen, aber wer will schon gern die Schmerzen ertragen, wenn die Steine die Haut zerfetzen und die Knochen brechen? Es ist die härteste Strafe, die ich mir vorstellen kann – und das nur dafür, dass Sebulon mich überredet hat und wir zusammen hinter die letzten Häuser an der Stadtmauer gingen. Da haben sie uns erwischt. Sebulon war plötzlich nicht mehr da, und ich muss das jetzt ausbaden.

Der Weg zum Tempel war das reine Spießrutenlaufen. Es waren ja nicht nur die höhnischen Blicke rechts und links an der Straße; es waren auch die Kommentare: »Nutte!« – »Flittchen!« – »Ehebrecherin!« – »Geschieht ihr recht!« Ich habe einfach nur vor mich hingestarrt und versucht, das alles auszublenden. Aber jetzt haben sie mich in den Vorhof des Tempels gezerrt, und ich schaue mich wieder um. Wo ist dieser Jesus? Ist es vielleicht der alte bärtige Rabbi, der mit zwei Schülern über einer Schriftrolle sitzt und ihnen etwas zu erklären versucht? Nein, an dem ziehen sie mich vorbei. Oder ist es der, der dort an der Säule sitzt und um den herum die vielen Leute stehen?

Was er sagt, kann ich nicht verstehen, aber als sie mich vor ihn hinstoßen – mitten in den Kreis derjenigen, die ihm zuhören –, hört er sowieso auf zu reden. »Meister«, sagt einer von denen, die mich hergebracht haben, »sag uns doch mal, was mit dieser Ehebrecherin geschehen soll. Wir haben sie auf frischer Tat ertappt, und du kennst doch sicher das Gesetz, oder?« Er sagt das scheinbar ganz höflich, aber seine Stimme verrät, dass er eigentlich das Gegenteil meint. Er will den Rabbi nur reinlegen, und deshalb legt er gleich nach: »Nach unserem Gesetz sollen wir diese Frau jetzt steinigen. Deiner Meinung nach auch?«

Jesus sagt zunächst einmal gar nichts. Er lässt die schneidende Stimme lange nachklingen und schaut den Sprecher an, der seinen Blick aber nicht aushält und an seinem Ärmel nestelt. Dann bückt er sich nach unten und schreibt mit dem Finger etwas in den Sand. Ich recke den Hals nach vorne, um mitzubekommen, was er schreibt. Etwas über mich? Etwas über die Männer, die mich festhalten? Oder schreibt er vielleicht die Worte des Gesetzes auf, von dem sie reden? Ich kann es nicht richtig sehen, aber er nimmt sich viel Zeit.

Langsam werden sie unruhig, und ein anderer wiederholt die Frage: »Rabbi, weißt du etwa nicht, was Mose sagt? Steinigen sollen wir sie. Warum stimmst du nicht zu? Stellst du dich etwa gegen das Gesetz?« Es klingt, als würde er das hoffen, als wartete er nur auf einen Anlass, um dem Rabbi etwas vorwerfen zu können.

Aber Jesus schaut auch ihn nur schweigend an. Meine Nerven sind zum Zerreißen gespannt: Wenn er jetzt zustimmt, werden sie über mich herfallen und ihre ganze rechthaberische Wut an der Sünderin auslassen. Ob ich das überleben werde? Wahrscheinlich nicht. Ich muss einen Augenblick an Sebulon denken. Wo er jetzt wohl ist? Was sie mit ihm machen werden? Aber nun öffnet Jesus endlich den Mund.

»Wer von euch ohne Sünde ist, soll ruhig den ersten Stein werfen.« Schweigen. Betretenes Schweigen. Er hat nichts über Sebulon und mich gesagt. Nichts über das Gesetz. Auch nichts über meine Ankläger. Er stellt nur diese eine Bedingung, und die hebt alles aus den Angeln. Wenn nur der das Recht zum Richten und zum Bestrafen hat, der noch niemals gesündigt hat, dann ist mein Prozess geplatzt. Denn wer kann das von sich behaupten? Als habe er sich nur kurz stören lassen, bückt sich Jesus wieder und schreibt weiter seine geheimnisvollen Worte in den Sand.

Immer noch schweigend dreht sich schließlich der erste der selbsternannten Gesetzeshüter um und geht langsam in Richtung Tempelpforte. Ein anderer folgt ihm, dann ein dritter, und nach einer Weile sind sie alle verschwunden. Die umstehende Menge rührt sich nicht. Sie wollen alle wissen, was Jesus jetzt vielleicht doch noch sagt. Aber der richtet sich nur auf, schaut sich um (als hätte er nicht mitbekommen, wie meine Ankläger sich aus dem Staube machten) und fragt mich, wo sie geblieben sind und ob sie mich nicht verurteilt haben. Als ich ihm sage, dass mich niemand verdammt hat, sagt er mit völlig ruhiger Stimme: »Dann verdamme ich dich auch nicht. Geh hin und hör auf zu sündigen.« Hab ich mich verhört? Er sagt nicht: »Wenn du in Zukunft nicht mehr sündigst, werde ich dich nicht verdammen.« Als Erstes spricht er mich frei. Und dann gibt er mir ein neues Programm: »Jetzt ändere dein Leben. Sündige nicht mehr.«

Was für ein Mensch! Der nimmt mich in Schutz und rettet mir das Leben, aber verschließt dabei keine Sekunde lang vor meiner Sünde die Augen. Er lässt mich einfach noch einmal ganz von vorne beginnen. Ich weiß nicht, was ich sagen soll, und bekomme noch nicht einmal ein Dankeschön über die Lippen. Was für ein Mensch! (Johannes 8,1-10)

Jesus ging es nicht darum, Menschen zu verurteilen, sondern darum, ihnen eine neue Chance zu geben, solange es möglich war. Er sagte: »Ich bin nicht gekommen, dass die Welt richte, sondern dass ich die Welt rette« (Johannes 12,47). Natürlich wäre es für ihn leichter gewesen und er hätte bei seinen Kritikern eine Menge

Punkte machen können, wenn er einfach nur nach dem Buchstaben des Gesetzes geantwortet hätte. Aber wenn er Menschen annahm, bedeutete das manchmal für ihn, sie in Schutz zu nehmen, ohne dass er ihre Verfehlungen dabei ignorierte. Es ging ihm nicht darum, die Sünde zu verharmlosen. Dazu redete er zu deutlich vom Gericht Gottes. Aber um den Menschen ging es ihm. Eine Vergebung ohne Vorleistungen bot er damals an, und das tut er auch heute. Er wartet nicht darauf, dass wir uns aus eigener Kraft ändern, sondern er selbst will uns dabei helfen, anders zu werden. Zuerst kommt sein »Wenn diese dich nicht verdammen, verdamme ich dich auch nicht«. Und dann fügt er hinzu: »Jetzt ändere dein Leben. Sündige nicht mehr.«

Manchmal helfen uns Geschichten aus der Literatur beim Lernen solcher Lektionen. In einer spannenden Szene des Romans *Wer die Nachtigall stört* von Harper Lee versucht eine Gruppe weißer Rassisten, den afroamerikanischen Feldarbeiter Tom Robinson zu lynchen, noch bevor es zum Prozess gegen ihn kommt – wegen der angeblichen Vergewaltigung eines weißen Mädchens. Der weiße Jurist Atticus Finch, der beste Anwalt der Stadt, hat sich bereit erklärt, Tom zu verteidigen, denn er ahnt, dass die Anklage auf einer Lüge beruht. Weil man munkelt, dass ein Mob den Untersuchungsgefangenen Tom umbringen will, setzt sich der Anwalt höchstpersönlich vor das Gefängnis, um seinen Mandaten zu schützen.

Vier Wagen fahren vor und mehrere weiße Männer steigen aus, die offensichtlich das Ziel haben, den Schwarzen zu töten. Sie fordern den Anwalt auf, den

Weg freizumachen, aber der bleibt einfach sitzen. Seine Tochter Scout, die sich im Nachbarhaus versteckt hat, platzt mitten hinein in die Szene, und dann kommen auch noch ihr Bruder und ein Freund dazu. Ihr Vater wird aufgefordert, innerhalb von fünfzehn Sekunden dafür zu sorgen, dass die Kinder verschwinden, aber die weigern sich zu gehen. In einem der Männer erkennt Scout den Vater eines Klassenkameraden, und sie verwickelt ihn in ein Gespräch über seinen Sohn und über Erbschaftsfragen. Der Vater lässt sich dadurch aus seiner Rolle bringen und schämt sich auf einmal seiner ursprünglichen Absichten. Er verspricht, seinen Sohn von Scout zu grüßen, und fordert seine Kumpanen auf, in die Autos zu steigen und nach Hause zu fahren. Sie verschwinden wortlos.

Atticus Finch und seine Kinder haben, indem sie sich schützend vor den angeklagten Schwarzen stellten, ihr Familienmotto verwirklicht: »Du verstehst nie einen anderen Menschen richtig, bevor du die Dinge aus seinem Blickwinkel siehst; bevor du in seine Haut kletterst und darin herumläufst«. Aber Scout hat auch das getan, was Jesus tat, als die Ehebrecherin zu ihm gebracht wurde: Sie schützte den Angeklagten vor rassistischer Überheblichkeit, indem sie die Ankläger dazu brachte, ihre fatale Selbstgerechtigkeit zu erkennen und sich ihrer zu schämen. Auch wenn der Roman für Tom nicht glücklich endet, ist an dieser Stelle das »Nehmt einander an« des Römerbriefs in die Tat umgesetzt worden.

Wie so häufig, wenn Paulus klare Anweisungen an die christliche Gemeinde ausspricht, schließt er die Wechselseitigkeit der Handlung mit ein. »Einer trage des andern Last, so werdet ihr das Gesetz Christi erfüllen«, sagt er im Brief an die Galater (6,2). Meistens denken wir bei solchen Sätzen nur an uns selbst, als seien wir die einzigen, die hier zu etwas aufgefordert werden. Und es stimmt: Wir sollen anderen in der Bewältigung ihrer Schwierigkeiten helfen. Aber es braucht nicht nur einen, der die Last des anderen trägt, sondern auch einen, der sie sich tragen lässt.

Es gibt so manche biblischen Gebote, die mehr als eine Richtung beinhalten. Zum Beispiel nehmen wir auch das alles umfassende Gebot »Du sollst den Herrn, deinen Gott, lieben von ganzem Herzen und deinen Nächsten wie dich selbst« (vgl. Matthäus 22,37-39) oft nur als Anweisung wahr, den Menschen zu lieben, den Gott uns in den Weg stellt. Aber in den letzten Worten dieses Satzes ist natürlich auch die Voraussetzung eingearbeitet, dass wir uns selbst lieben. Eigentlich kann nur derjenige die sogenannte Nächstenliebe praktizieren, der ein gesundes Verhältnis zu sich und seinen eigenen Bedürfnissen hat.

Es gibt eine Tradition der Pflichterfüllung, die uns fast automatisch aktiv werden lässt, wenn irgendwo etwas zu tun ist. Aber das ständige Helfenwollen verbrennt so viel von unserer Energie, dass wir irgendwann ausgebrannt sind. Sie ist reine Romantik, die alte Dorfbrunnenaufschrift: »So schön und einfach ist mein Leben: Geben, immer nur geben.« Da ist Conrad Ferdinand Meyer schon näher an der Wahrheit, wenn er seinen römischen Brunnen beschreibt:

Aufsteigt der Strahl und fallend gießt
Er voll der Marmorschale Rund,
Die, sich verschleiernd, überfließt
In einer zweiten Schale Grund;
Die zweite gibt, sie wird zu reich,
Und jede nimmt und gibt zugleich
Und strömt und ruht.

»Nehmt einander an« ist eine Zweibahnstraße. Dieser Vorgang kommt erst dann zu seiner Erfüllung, wenn unsere Gegenüber sich dieses Annehmen gefallen lassen. Genauso müssen umgekehrt aber auch wir Ja dazu sagen, dass uns andere freundlich annehmen..

Hat Jesus es etwa auch erlebt, dass er von anderen angenommen wurde, und hat er sich dann diese Annahme gefallen lassen? Hören wir Nathanael aus Kana zu, der das miterlebte:

Es ist schön schattig hier, denn die Sonne schafft es nicht durch das dichte Blätterdach des Feigenbaums, und ich genieße den Augenblick der Ruhe. Wie alle Leute hier in Kana mache ich über die Mittagszeit immer eine lange Pause, und wenn mich kein streunender Hund stört, versuche ich eine kleine Runde zu schlafen. Gerade mache ich die ersten Schritte im Traumland, als ich jemanden meinen Namen rufen höre. Ich muss mich erst etwas sortieren, als sich schon eine Hand auf meine Schulter legt.

»Nathanael, hier steckst du also! Ich hab dich überall gesucht, weil ich dir unbedingt was erzählen muss.« Diese Stimme kenne ich gut. Philippus ist einer meiner besten Freunde; wir sitzen abends oft zusammen, um über Politik zu reden, über religiöse Themen und über unsere Familien. Bei diesen Gelegenheiten diskutieren wir fast immer auch über die römischen Besatzer, die sich mit ihrer militärischen Macht scheinbar für alle Zukunft hier eingerichtet haben. Keine Chance von unserer Seite, sie auf irgendeine Weise zu vertreiben. Ab und zu reden wir davon, was uns die Schriftgelehrten immer wieder gesagt haben, was aber inzwischen kaum einer mehr für möglich hält: dass Gott einen schickt, der unser Volk befreien wird.

»Los, wach endlich auf! Du wirst nicht erraten, wen ich gefunden hab.« Natürlich nicht. Wie soll ich denn wissen, was dir grade durch den Kopf schießt, denke ich. »Wir haben den gefunden, den uns Mose und die Propheten angekündigt haben. Es ist Jesus, ein Zimmermannssohn aus Nazareth!«

»Nazareth? Das steht nirgendwo im Gesetz. Und dass der Retter von dort kommt, hat auch keiner von den Propheten erwähnt. Wieso soll gerade aus Nazareth in Galiläa etwas so Gutes kommen? Wer hat euch denn diesen Bären aufgebunden?«, sage ich und muss erst mal kräftig gähnen.

»Wenn du ihn gesehen hättest, würdest du anders reden. Am besten kommst du einfach mit und siehst ihn dir an. Ich wette, danach bist du anderer Meinung.« Ich habe Philippus lange nicht mehr so aufgeregt gesehen.

Nun gut. Ihm zuliebe. Machen wir uns halt auf den Weg zu seinem Jesus. Er soll sich am anderen Ende des Ortes aufhalten, und wir gehen an meinem Elternhaus vorbei entlang der Hauptstraße, bis wir in einiger Entfernung eine Gruppe von Männern stehen sehen. Einer von ihnen scheint den andern etwas zu erklären, und als wir uns nähern, macht er gerade eine Pause. Er schaut herüber zu uns, zeigt auf mich und sagt – wir sind inzwischen in Hörweite: »Schaut mal, da kommt ein rechtschaffener Jude. Der ist durch und durch echt.«

Wie vom Donner gerührt bleibe ich erst einmal stehen. Meint der mich oder meint er Philippus? Nein, mich kann er gar nicht meinen, denn wir haben uns ja noch nie gesehen. Ich drehe mich zu meinem Freund um, doch der grinst nur, als wollte er sagen: »Siehst du – ich hab dir doch gesagt, dass dieser Mann was ganz Besonderes ist.« Ich scheine also wohl doch gemeint zu sein.

»Woher kennst du mich denn, dass du so etwas von mir sagen kannst?«, frage ich Jesus. Und was er jetzt sagt, zieht mir glatt den Boden unter den Füßen weg: »Ich habe dich schon gesehen, als du unter dem Feigenbaum saßt und Philippus dir von mir erzählte.« Er sagt das ohne jede Wichtigtuerei, eher beiläufig, so als würde er jeden Tag durch Häuser und Bäume hindurchsehen.

Nein, das kann einfach nicht wahr sein. Ich war doch völlig allein, als Philippus mich fand. Wieso weiß der, dass ich mein Nickerchen unter einem Feigenbaum gemacht habe? Das geht hier nicht mit natürlichen Dingen zu. Dieser Mann muss ein Seher sein. Hat Philippus am Ende wohl doch recht mit seiner Behauptung? Mir fällt keine andere Erklärung ein.

»Rabbi, du bist Gottes Sohn. Du bist der König von Israel«, höre ich mich sagen, und meine Stimme klingt viel fester, als ich erwartet habe. Weiß ich es denn wirklich schon so genau? Aber ich bin ja nicht nur von diesem Mann selbst fasziniert – von seiner ruhigen, bestimmten Art, die nicht darauf aus ist, Eindruck zu machen. Mich überzeugt natürlich auch die Tatsache, dass er mich schon aus der Entfernung wahrgenommen hat.

Wieder liest er meine Gedanken wie ein aufgeschlagenes Buch: »Du glaubst mir jetzt, weil ich dich schon gesehen habe, als du unter dem Feigenbaum gesessen hast. Aber pass nur auf: Du wirst noch ganz andere, größere Dinge erleben. Ihr alle werdet noch den Himmel offen sehen und sehen, wie die Engel Gottes über dem Menschensohn hinauf- und hinabsteigen.«

Dieser Mann ist wirklich außergewöhnlich. Ich hätte an seiner Stelle wahrscheinlich ganz anders reagiert. Ich wäre, wenn jemand mich wegen meiner Herkunft so brüsk aussortiert hätte, wie ich das bei ihm getan habe, wahrscheinlich eingeschnappt gewesen – nach dem Motto: »Wenn du mir nicht glaubst, bist du selbst schuld.« Doch er nimmt meine Sinnesänderung und meine Wertschätzung ohne ein Schulterzucken an. Was für ein Mensch! Was für ein Messias! (Johannes 1,43-51)

»Nehmt einander an« ist tatsächlich eine Zweibahnstraße. Und wenn wir Christus darin folgen, werden auch wir es annehmen können und müssen, wenn Menschen, die uns zunächst misstraut haben, uns plötzlich doch ernst nehmen. Dann sollten wir nicht bei unserem gekränkten Stolz und unserer menschlichen Enttäuschung stehen bleiben, sondern die Kehrtwendung des anderen akzeptieren – die Annahme annehmen.

In seiner bewegenden Kurzgeschichte »Take Pity« hat der jüdisch-amerikanische Schriftsteller Bernard Malamud beschrieben, wie blockierend es ist, wenn ein Mensch sich nicht annehmen, sich nicht helfen lässt. In einer Art Empfangszimmer des Jenseits – wo die Menschen nach ihrem Tod warten, noch bevor sie in den Himmel oder in die Hölle kommen – fragt ein Beamter namens Davidov den kürzlich verstorbenen Juden Rosen nach seinen Taten auf der Erde. Rosen berichtet, wie er aus selbstlosen Motiven versucht hat, Eva Kalish, die arme Witwe eines polnisch-jüdischen Einwanderers und ihre beiden Töchter Fega und Surale nach dem Tod des Familienvaters zu unterstützen. Geschäftlichen Rat hat er ihr gegeben, hat ihr die Heirat angeboten und hat ihr viele Briefe mit Geld geschickt. Doch verstrickt in eine Mischung aus Stolz und Selbstmitleid hat sie alle Hilfe hartnäckig zurückgewiesen.

Bis zum Letzten ist Rosen gegangen – er hat ihr schließlich testamentarisch sein gesamtes Vermögen vermacht und dann Selbstmord begangen, um ihr als Erbin ein sorgenfreies Leben zu ermöglichen. Dadurch, dass er sich umbrachte, hat er allerdings nicht mehr mitbekommen, ob seine Fürsorge der kleinen Familie wirklich etwas Gutes hat tun können. Evas permanente Weigerung hat ihm jede Möglichkeit genommen, ihr zu helfen, und so steht er nun mit leeren Händen im Jenseits. Mit diesem Bild eines hilflosen Helfers endet die Geschichte.

Ob es jenseits des Sterbens tatsächlich so aussehen wird, sei dahingestellt, aber die Geschichte bringt auf den Punkt, wie wichtig beim Annehmen und Lastentragen die Wechselseitigkeit ist. Rosen hat Eva wahrgenommen, hat sie ernst genommen, hat sie in den Arm genommen und sich selbst zurückgenommen. Aber weil sie seine Selbstlosigkeit zurückgewiesen hat, sind – jedenfalls aus seiner Sicht – seine Mühen umsonst gewesen.Was heißt das für meinen Umgang mit der Jahreslosung? Es heißt, dass ich es mir gefallen lassen soll, wenn jemand mich trotz meiner Schwächen und vielleicht gerade mit meinen unliebsamen Eigenschaften annimmt. In einem solchen Augenblick gebe ich natürlich zu, dass ich an irgendeiner Stelle nicht so vollkommen bin, wie ich gern erscheinen möchte, und für manche Menschen kommt es tatsächlich einer Verletzung ihres Stolzes gleich, wenn sie merken, dass ein anderer Mensch ihnen bewusst eine Schwäche nachsieht. Sie fühlen sich belehrt oder bemuttert und halten das nicht aus.

Um den Satz vom »Einander annehmen« in allen seinen Dimensionen zu verwirklichen, müssen wir aber wohl auch lernen, die Vergebung und die Annahme durch die anderen anzunehmen.

Reich dir die Hand

Es war gerade erst geschehn, da wusstest du:
Die Schuld daran trugst du allein.
Die schob sich nicht so leicht und schnell den andern zu –
die lag auf dir wie ein schwerer Stein.
Du sprachst mit Gott und hast vor ihm die Schuld
    bekannt:
Ein andrer Mensch half dir dabei.
Gott hörte dich und gab dir seine Christushand
und ließ dir sagen: Ich sprech dich frei.

Reich dir die Hand, und sei dir wieder gut;
dir haben Gott und Mensch vergeben.
Reich dir die Hand und schlag doch endlich ein;
nun musst nur du dir noch verzeihn.

Dann kam ein schwerer Gang. Jetzt musste das noch fort,
was zwischen dir und Menschen war.
Mit trocknem Munde hörtest du das gute Wort,
dir sei vergeben, die Luft sei klar.

Reich dir die Hand ...

Und flüstert die Erinnerung auf Schritt und Tritt,
dass man sich so was nie vergibt,
darfst du dich sehen, wie dich Gott in Christus sieht.
Du darfst dich lieben, weil er dich liebt.

Reich dir die Hand, und sei dir wieder gut;
dir haben Gott und Mensch vergeben.
Reich dir die Hand und schlag doch endlich ein;
nun musst nur du dir noch verzeihn.

Dr. Martin Luther King ist nicht müde geworden, auf
die wechselseitige Abhängigkeit von Gottesliebe, eigener Wertschätzung und Nächstenliebe hinzuweisen; er
nannte das die Dimensionen eines vollkommenen Lebens: »Geh heute morgen aus dem Haus. Liebe dich
selbst, und das heißt: Hab ein vernünftiges und gesundes Interesse an deinem eigenen Leben. Das sollst du
haben. Das ist die Länge des Lebens. Was dann zu tun
ist: Liebe deinen Nächsten, wie du dich selbst liebst.
Das sollst du tun. Das ist die Breite des Lebens. Und ...
es gibt ein erstes und noch größeres Gebot: Liebe den
Herrn, deinen Gott, von ganzem Herzen, von ganzer
Seele und von ganzem Gemüt. . . . Und wenn du das
tust, hast du die Höhe des Lebens.«

Der Morgen ist noch jung, aber das Leben fühlt sich uralt an – wie immer, wenn ich das nicht geschafft habe, was ich wollte. Gestern haben wir noch spät zusammengesessen und erzählt und erzählt und erzählt. Thomas war da und Nathanael, Johannes und Jakobus, und dann noch zwei andere von denen, die ihm nachgefolgt sind, und es gab nur ein einziges Thema: seinen Tod und die Geschwindigkeit, in der sich die Ereignisse seither überschlagen. Ich weiß gar nicht mehr, wie oft sie mich gefragt haben, was Maria aus Magdala an jenem Morgen völlig atemlos herausprudelte und was ich dann selbst in dem leeren Grab gesehen habe. Wir haben einander gebeichtet, wie sehr jeder von uns sich damals Vorwürfe gemacht hat, nicht bei Jesus gewesen zu sein, als sie ihn hinrichteten, und wie abgrundtief niedergeschlagen wir nach seinem Begräbnis waren.

Aber dann ging es natürlich vor allem darum, dass er eines Abends plötzlich wieder sichtbar unter uns war – selbst Thomas konnte sich überzeugen, dass der Meister tatsächlich nicht mehr tot war. Wir wurden von Jesus noch einmal neu ausgesendet und bekamen von ihm den Heiligen Geist zugesprochen. Was war das für ein Treffen! Hinter verschlossenen Türen hatte es begonnen, und zum Schluss hätten wir am liebsten aus den offenen Fenstern diese unglaubliche Nachricht auf die Straßen gerufen.

Im Norden sehe ich, dass der Hermon längst von der Sonne beschienen wird. Bis hierher zu uns braucht das Morgenlicht immer ein wenig länger, und das Netz liegt noch im Dunkeln. Aber dass wir nichts gefangen haben, merken wir schon an den schlaffen Tauen. Fischer wie wir erleben das gelegentlich: geduldiges Hin- und Herfahren auf dem See, ohne dass sich ein einziger Fisch im Netz verfängt.

Keiner von uns spricht ein Wort, und wir machen uns auf den Weg zurück zum Ufer. Die kleinen Wellen plätschern über das Netz, als würden sie über uns kichern. So etwas drückt auf die Stimmung. Wir kommen wieder in Ufernähe und sehen am Rand des Wassers eine unbekannte Gestalt, die zu uns herüberruft und uns nach irgendetwas zu essen fragt. Als ob wir noch eine Erinnerung daran brauchten, dass wir gerade das leere Netz untersucht haben. Aber als er uns zuruft, wir sollten noch einmal hinausfahren und das Netz auf der rechten Seite auswerfen, greife ich, ohne viel nachzudenken, nach den Tauen. Vielleicht bringt mich der eigene Hunger dazu, vielleicht auch der Zweifel an meinem handwerklichen Können – habe ich nach all den Jahren womöglich das Fischen verlernt?

Irgendwie hat die Szene Wiederkennungswert: Hat mich denn Jesus nicht vor einigen Jahren nach einem erfolglosen Fischzug genau so zurück auf den See geschickt? Auch Thomas, Nathanael und die anderen scheinen sich daran zu erinnern, denn sie diskutieren nicht lange mit dem Fremden, sondern tun, was er sagt. Und dann ist es so wie damals: Ein großer Schwarm großer Fische drängt sich förmlich in unser kleines Netz.

Johannes flüstert fast die Worte, die für uns alle in der Luft liegen: »Es ist der Herr!« Es gibt wirklich keine andere Erklärung. Genau wie er mir damals nach der fischlosen Nacht zu einem spektakulären Fang verholfen hat, ist auch diesmal das Netz zum Zerreißen voll. Ich denke keine Sekunde lang nach, greife mir den Kittel, binde ihn fest und springe ins Wasser. Die hundert Meter schaffe ich locker. Ja, er ist es. Ein Feuer hat er gemacht, aber wo hat er die Fische und das Brot her? Fisch und Brot: genau wie damals, als er damit die Tausende von Menschen satt machte.

Keiner von uns spricht ein Wort, als wir uns zu ihm setzen. Zu schwer drücken uns Erinnerung und Scham auf die Seele. Alle tragen wir doch in uns noch die Bilder der Nacht, in der Jesus verhaftet wurde und in der wir in Angst und Schrecken von ihm und dem Verhaftungskommando wegrannten. Wir sind doch alle abgetaucht, und nur Johannes und ich haben uns damals noch in sicherer Entfernung aufgehalten, um zu sehen, was mit unserem Lehrer, unserem Meister, unserem Herrn, geschehen würde.

Was mich natürlich am meisten belastet, ist der Gedanke an das Verhör beim Hohepriester. Da habe ich mich feige draußen im Hof herumgedrückt, um einen Blick auf Jesus zu erhaschen oder zumindest mitzubekommen, was mit ihm geschah. Wie bei allen

Schauprozessen gab es jede Menge Schaulustige, und unter die konnte ich mich unauffällig mischen. Hier diskutierte eine Gruppe über die letzten Wundertaten des angeklagten Rabbis; dort erzählten andere die Geschichten nach, die er immer wieder in seine Predigten eingestreut hatte. Mittendrin stand ich. Und dann passierte es. Mehrmals wurde ich gefragt, ob ich zu Jesus gehörte, und mehrmals habe ich das mit erhobener Stimme abgestritten. Im Rückblick weiß ich nicht, wie das geschehen konnte. Ich schäme mich abgrundtief und hoffe nur eins: dass Jesus mich jetzt nicht darauf anspricht.

Nein, er reicht uns das Brot wie damals bei unserem letzten gemeinsamen Abendessen, und heute gibt er uns noch den Fisch dazu. Es schmeckt uns allen – nicht nur, weil wir hungrig sind. Die anderen sind inzwischen wieder gesprächig geworden und diskutieren darüber, wo wir am besten den Rest der hundertdreiundfünfzig großen Fische verkaufen sollen, da winkt er mich beiseite. »Sag mal, Simon Petrus, Sohn des Johannes, hast du mich eigentlich lieber als die anderen hier?«

Auweia. Nach einer so förmlichen Anrede wird jetzt bestimmt die Strafpredigt kommen. Grund genug hat er ja. Was ich ihm angetan habe, ist wirklich nicht verzeihlich. Vor allem, nachdem ich damals den Mund so voll genommen habe: »Selbst wenn dich alle verlassen, werde ich bei dir bleiben.« Damit habe ich mir ja wirklich die Latte so hoch gelegt, dass mein Scheitern fast vorauszusehen war. Aber Jesus erwähnt das gar nicht.

Ich bin fassungslos, dass er mir keine Vorwürfe macht. Er fragt nur, ob ich ihn lieber habe als die anderen. Natürlich! rufe ich innerlich. Laut sage ich nur: »Ja, Herr, du weißt doch, dass ich dich lieb habe.«

So, jetzt wird sie kommen, die Standpauke: Ach, und wie war das neulich Abend, als du geschworen hast, mich nicht zu kennen? Nennst du so was Liebe? Aber nein – er macht mir immer noch keinen Vorwurf. Er sagt etwas ganz anderes: »Dann weide meine Lämmer.« Wie bitte? Meint er, ich soll den Beruf wechseln? Hirte werden statt Fischer? Lämmer hüten? Welche denn? Was würden die Kollegen sagen, die ich gerade überredet habe, wieder auf Fischfang zu gehen, und die ich drüben am Strand die Netze waschen sehe? Manchmal ist Jesus wirklich schwer zu verstehen. Auf der anderen Seite hat er uns ja selbst einmal gesagt, dass er der gute Hirte ist, der sein Leben für die Schafe opfert. Meint er, dass ich das jetzt für ihn übernehmen soll?

Bevor ich nachfragen kann, wiederholt er seine Frage – diesmal ohne die andern mit ins Spiel zu bringen: »Simon, Sohn des Johannes, liebst du mich?« Was soll ich denn anderes antworten als beim ersten Mal: »Ja, Herr, du weißt, dass ich dich lieb habe«? Es stimmt doch – auch wenn ich bisher den Beweis schuldig geblieben bin. Ob er es mir trotzdem glauben kann? Oder kommt jetzt der Tadel, auf den ich die ganze Zeit schon warte? Scheinbar nicht, denn er sagt wieder nur in ruhigem Ton: »Dann hüte meine Schafe.« Am liebsten würde ich ihn fragen, was er damit meint, aber er fragt mich schon zum dritten Mal, ob ich ihn lieb habe.

Habe ich zu leise geantwortet oder hat der Morgenwind meine Worte verweht? Sicher nicht. Anscheinend habe ich ihn einfach nicht überzeugen können; sonst würde er sich mit meinen zwei Beteuerungen zufriedengeben. Ich schaue hinaus auf den See, wo meine Freunde das Boot sauber machen, und bin irgendwie traurig. Auch wenn Jesus nicht laut geworden ist, habe ich doch inzwischen das Gefühl, dass er mir nicht traut. Dabei hat er mir schon so oft bis auf den Grund der Seele gesehen und mir manche Dinge über mich gesagt, von denen ich selbst keine Ahnung hatte. Ich kann ihm nur zum dritten Mal antworten – und meine Stimme ist ganz belegt dabei: »Herr, du weißt doch alles, und deshalb müsstest du wissen, dass ich dich lieb habe.«

Wieder keine Schelte. Wieder nur diese rätselhafte Antwort: »Dann weide meine Schafe.« Was er dann noch sagt – von Jugend und Alter und von Wegen, die man selber wählt, und anderen, die man gegen seinen Willen gehen muss –, ist mir im Augenblick einfach zu hoch. Was meint er damit, dass ich meine Hände ausstrecken und mich führen lassen soll? Ich bin froh, dass er zum Schluss noch einen Satz sagt, den ich kenne, weil er ihn mir schon oft gesagt hat. Er wiederholt ganz schlicht das, was er damals gar nicht weit von hier zu Andreas und mir sagte: »Folge mir nach.« Vielleicht war ja das, was uns damals so schwer verständlich war –

»Ich will euch zu Menschenfischern machen« –, nur eine Vorstufe von dem, was er mir heute vom Weiden der Lämmer sagt. Wenn ich ihm tatsächlich immer noch nachfolgen soll; wenn er nach allem, was ich ihm angetan habe, mir das wirklich immer noch zutraut, dann weiß ich nichts Besseres: Ich werde ihm nachfolgen, und diesmal ist mir noch viel klarer, worauf ich mich einlasse.

Die Sonne steht inzwischen schon hoch über dem See. Die Höhenzüge rechts und links und im Norden sind klar zu erkennen, und ich kann auch die Straßen und die Wege sehen, die sich die Hügel hinaufschlängeln. Alle führen zu Dörfern und Städten, wo man Jesus noch nicht so kennt, wie wir ihn kennengelernt haben. Es gibt eine Menge zu tun für uns. Für mich. (Johannes 21,1-19)

Jesus nahm Menschen nicht nur an. Er nahm sie mit auf einen neuen Weg. Das Evangelium nach Johannes berichtet nicht, welche Pausen es in jenem Gespräch zwischen Jesus und Petrus gab, aber man kann sich gut vorstellen, dass diese Fragen und Antworten nicht Schlag auf Schlag kamen und gingen. Eine wunderbare Aufarbeitung der dunklen Vergangenheit beobachten wir hier. Da hält nicht jemand schadenfroh und belehrend die Lupe auf ein offensichtliches Versagen: »Siehste, Petrus, was hab ich gesagt? Du wolltest nicht hören – das hast du davon.« Aber wir erleben auch keine leichtfertige Begnadigung nach dem Motto »Schwamm drüber«. Der Verleugnete lässt seinem zerknirschten Nachfolger Zeit zum Nachdenken und gibt ihm dann die Chance, das zu sagen, was er tief in seinem Herzen fühlt. Und noch einmal. Und noch einmal.

Was aber das Beste ist: Jesus bleibt nicht bei der Vergangenheit stehen; er richtet den Blick des Petrus nach vorn und auf eine alte und neue Aufgabe. Statt ihn auf Dauer in trübe Erinnerungen einzusperren, nimmt Jesus ihn mit in die Zukunft. Ein wunderbares, hilfreiches Vorbild für unseren Umgang miteinander – in der Gemeinde und im Alltag, wo es bislang oft eher so zugeht wie in meinem Lied über Elvira:

Siehste, Elvira

Dass Herdplatten heiß sind
und Steine steinhart
und dass man an Messern sich schneiden kann –
das hörte ihr Ohr zwar,
doch erst mit der Hand
fing sie alles das zu begreifen an.
Und suchte sie Trost dann, von Schmerzen gequält,
bekam sie nur immer das eine erzählt:

Siehste, Elvira – was hab ich gesagt?
Du wolltest nicht hören;
ich ahnte das schon.
Siehste, Elvira – geschieht dir ganz recht!
Jetzt musst du halt fühlen;
das hast du davon.

Dass Busse nicht warten,
dass Geld sich verbraucht,
dass Schreiben und Rechnen geübt sein will –
das sagten ihr andre,
doch klug wurde sie
erst, wenn sie dann aus allen Wolken fiel.
Und stand sie dann hilflos daheim in der Tür,
dann sagte man nichts als das eine zu ihr:

Siehste, Elvira . . .

Dass mancher nur lügt, wenn
er sagt, dass er liebt,
dass Leidenschaft oft nichts als Leiden schafft:
Das fiel ihr ein paar Mal
erst hinterher ein.
Nun sitzt sie allein ohne Mut und Kraft.
Nur selten vertraut sie sich Menschen noch an.
Sie ahnt schon, sie hört es dann doch irgendwann:

Siehste, Elvira . . .

Mensch, sagt ihr denn keiner,
dass Gott sich doch sehnt,
ihr Tröster und Helfer und Freund zu sein?
Dass er sich nicht freut,
wenn jemand versagt?
Er reibt nicht noch Salz in die Wunden ein.
Lässt keiner sie spüren, wie sehr Gott sie liebt?
Gibt keiner die Hand ihr, wie Gott sie ihr gibt?

Komm her, Elvira,
wein dich bei mir aus,
und was dich bedrückt, das lass einfach bei mir.
Und dann, Elvira,
zeig ich dir den Schritt,
den du von hier tun kannst, und geh ihn mit dir.

Neun Männer, Frauen und Kinder haben uns erzählt, wie sie Jesus begegneten und wie er sie annahm, obwohl vieles dagegen sprach: Stimmungen, Rangordnungen, Geschmäcker, Gewohnheiten und politische oder theologische Korrektheiten. Er ließ sich in seiner Liebe zu Menschen einfach nicht durch das behindern, was sich ständig zwischen uns und andere drängen will und was unsere Begegnungen und Beziehungen belastet. Er sah durch Masken und Rollen hindurch und auch durch von außen aufgeklebte Schilder und Etiketten. Ganz sicher würden uns die vielen anderen Kranken und Gesunden, Reichen und Bettler, Glaubenden und Zweifler, Feiernden und Einsamen, die ihm in den Evangelienberichten begegnen, noch viele andere Eindrücke davon weitergeben können, wie er mit Menschen umging. Aber allein schon die neun Schritte des Wahrnehmens und aus der Menge Herausnehmens, des Ernstnehmens und der freundlichen Umarmung, der Konfliktbewältigung und des demütigen Dienens, des Beschützens und der Bereitschaft, sich selbst annehmen zu lassen, aber dann auch andere mit auf einen neuen Weg zu nehmen, sind ein so umfassendes Programm, dass wir wohl erst einmal genug damit zu tun haben.

»Zu Gottes Lob«

Eine Befreiung

Ein großes Grundsatzprogramm für das Leben in der Gemeinde und darüber hinaus bietet uns die Jahreslosung. Was aber nicht übersehen werden darf, ist die Schlussbemerkung »zu Gottes Lob«. Die ist nicht einfach ein rhetorischer Zusatz, sondern wird in den Versen vor der Jahreslosung schon vorbereitet: »Der Gott aber der Geduld und des Trostes gebe euch, dass ihr einträchtig gesinnt seid untereinander, Christus Jesus gemäß, damit ihr einmütig und mit einem Munde Gott lobt, den Vater unseres Herrn Jesus Christus« (15,5-6). Die einträchtige Gesinnung ist nicht Selbstzweck, sondern soll zum Lob Gottes führen. Oder führt womöglich auch das Lob Gottes zur einträchtigen Gesinnung?

Auf alle Fälle ist der Zusammenhang des Römerbriefs ein Hinweis darauf, dass der Satz des Paulus sich nicht an ein beliebiges Publikum richtet, sondern vor allem an die christliche Gemeinde. Und die darf es als Befreiung empfinden, dass sie nicht einfach zu immer größeren Anstrengungen aufgefordert wird, damit das menschliche Miteinander möglichst reibungsfrei funktioniert. Denn es schleichen sich allzu leicht eigennützige Motivationen ein, wenn wir uns bemühen, andere Menschen anzunehmen. Welche geheimen Wünsche möchten wir uns erfüllen, wenn wir andere wahrnehmen, sie aus ihrer Gruppe herausnehmen und ernst nehmen? Es gibt viele Versuchungen, viele Möglichkeiten, ein mehr oder weniger egoistisches Projekt durchzuziehen.

Zum Beispiel möchten wir möglicherweise nicht die Gelegenheit verpassen, andere Menschen auf unsere Seite zu bringen. Wenn es nicht durch Diskussion oder Argumente gelingt, dann vielleicht durch eine freundliche Umarmung? Oder wir legen es darauf an, dass die Person, die wir allen Vorbehalten zum Trotz angenommen haben, unser Verhalten anerkennt und uns dankbar ist – vielleicht auch darauf dass die Umstehenden uns für unsere Sozialkompetenz loben. Möglicherweise wollen wir uns auch nur das sanfte Ruhekissen eines guten Gewissens verdienen. Wir möchten uns nicht ständig vorwerfen müssen, anderen Menschen unrecht getan zu haben, möchten vor uns selbst damit punkten, ihnen keine Wege verbaut zu haben.

Und schließlich können wir auch in den Fehler verfallen, den Himmel mit unserem menschenfreundlichen Verhalten beeindrucken zu wollen: Wenn ich diesen schwierigen Menschen annehme, muss Gott doch zufrieden mit mir sein. Sollten wir jemals so denken, tut es uns sicher gut, uns noch einmal an das zu erinnern, was Paulus im Römerbrief den Judenchristen sagt: Niemand wird dadurch vor Gott gerecht, dass er irgendwelche Leistungen erbringt. Den Himmel können wir uns nicht verdienen – den bekommen wir nur geschenkt.

Viele unangemessene Motive, sagt Henri Nouwen, können sich einschleichen, wenn wir versuchen, einander anzunehmen: »Viele Dinge, von denen wir glauben, wir täten sie für andere, sind in Wirklichkeit ein Ausdruck eines inneren Dranges, unsere Identität im Lob der anderen zu finden. Unsere Bedürftigkeit hindert uns daran, vorbehaltlos und freimütig zu handeln und zu lieben.« Aber wie kommen wir zu einer solchen vorbehaltlosen Liebe? Wir malen uns ja meistens aus, die Beziehung zwischen zwei Menschen müsste so aussehen wie die eng und fest verschränkten Finger zweier gefalteter Hände. Henri Nouwen sieht das gar nicht so: »Der christliche Glaube hat da ein anderes Bild zu bieten: zwei Hände, die parallel aneinander ruhen, in einer betenden Geste, über sich selbst hinausweisend, sich frei bewegend in der Beziehung zur jeweils anderen Hand. Nur so kann eine Beziehung wirklich von Dauer sein, weil nur auf diese Weise wirkliche Liebe erfahrbar ist; Liebe, die an einer größeren, umfassenderen und übergeordneten Liebe teilhat, auf die sie hindeutet.«.

Die Folgen des Lobes Gottes

So liebte Jesus Menschen – so nahm er sie an: nicht, indem er sich an sie klammerte, und auch nicht, indem er ihnen nur menschlich einen Halt bot. In seinen Worten wies er sie immer wieder auf seinen himmlischen Vater hin und machte ihnen klar, dass seine Wunder aus der Kraft Gottes geschahen. Alles, was er tat, wenn er Menschen annahm, lobte Gott. Schon bei seiner Geburt wurde diese Verbindung deutlich, denn die Botschaft der Engel erwähnte das Lob Gottes und ein harmonisches menschliches Miteinander in einem Atemzug: »Ehre sei

Gott in der Höhe und Friede auf Erden bei den Menschen seines Wohlgefallens« (Lukas 2,14). Ich habe mir einmal in einem Liedtext vorgestellt, was das für den häufig streitenden Berufsstand der Hirten auf den Feldern vor Bethlehem bedeutet haben kann:

Wenn wir Gott in der Höhe ehren

Es war Nacht, und die Herde lag friedlich am Hang,
und die Welt trug ein mondweiches Kleid.
Aber wir hockten hier und die anderen dort,
und man hörte nur manchmal ein drohendes Wort –
denn grad zwischen uns hockte der Streit.

Keiner wusste mehr, worum man stritt, und auch ich
wusste nur noch: Im Recht waren wir.
Und so starrten wir finster die anderen an,
bis auf einmal der Himmel zu singen begann –
und bald klang dieses Lied auch in mir:

Wenn wir Gott in der Höhe ehren,
kehrt bei uns hier der Friede ein.
Wenn wir Gott in der Höhe ehren,
wird auch Friede auf Erden sein.

Alle rannten den Weg, den der Engel beschrieb;
unser Ärger war halb schon verpufft.
Und dann standen wir rings um das Kind, und es nahm
uns den Atem, wie nahe uns Gott darin kam –
und uns fehlte zum Streiten die Luft.

Wenn wir Gott in der Höhe ehren . . .

Und wir rückten zusammen; der Kreis wurde klein
um das Kind, um den Retter der Welt.
Unsre Schultern und Arme berührten sich scheu,
und wir spürten: Es wird durch das Kind alles neu.
Und das haben wir jedem erzählt:

Wenn wir Gott in der Höhe ehren . . .

Und so kehrten wir um. Unser Streit blieb im Stall,
und der Friede zog mit uns nach Haus.
»Gott sei Dank!«, sagte einer und summte das Lied.
Wie aus einem Mund sangen wir anderen mit,
und es schallte ins Dunkel hinaus:

Wenn wir Gott in der Höhe ehren,
kehrt bei uns hier der Friede ein.
Wenn wir Gott in der Höhe ehren,
wird auch Friede auf Erden sein.

Das gilt auch für uns heute. In seiner Auslegung von Römer 15 hat der Theologe Klaus Berger darauf hingewiesen, was alles im Vorgang des Lobens steckt: »Nicht Gott braucht die Verherrlichung, aber die Menschen brauchen sie, um eins zu werden . . . . Allzu oft halten wir das Absingen frommer Lieder für ein folgenloses Geschäft. Wer es aber ernst nimmt, für den wird das Ehren Gottes zum Weg des Friedens . . . .« Einander annehmen und Gott loben bedingen sich wohl gegenseitig.

»Nehmt einander an, wie Christus euch angenommen hat zu Gottes Lob«: Das ist eine Dauerbaustelle. Nicht umsonst soll uns ja der »Gott der Geduld und des Trostes« dabei helfen (15,5). Die vielen Beispiele aus dem Neuen Testament, in denen es Menschen und Gruppen in den Gemeinden nicht leicht miteinander hatten, lehren uns, nicht zu schnell Resultate zu erwarten. Ohne geduldige Arbeit an unserem Miteinander scheint es nicht zu gehen. Aber diese Arbeit lohnt sich. Der scheinbar leichtere Weg, eine Gemeinde zu verlassen, wenn man mit ihren Menschen und ihren Meinungen nicht klarkommt, vertagt die Aufgabe nur. Wenn jemand im Zorn die Tür zuschlägt, um sich eine andere Gemeinde zu suchen, wird er vielleicht beim *church hopping* zu einem »Feinschmecker oder Connaisseur in Sachen Kirchengemeinden« (so drückt es der Oberteufel Screwtape in C.S. Lewis' *Dienstanweisung für einen Unterteufel* aus), aber er nimmt sich und seinen bisherigen Mitchristen die Chance, an diesem Konflikt zu wachsen. Vor der Flucht als letzter Maßnahme sollten wir tatsächlich erst einmal den Rat des Paulus ernst nehmen.

Wie wir uns an Einheit und Vielfalt freuen können

Zum Schluss des Nachdenkens über die Jahreslosung aus Römer 15,7 möchte ich von ein paar ganz persönlichen Erfahrungen mit dem Satz des Apostels Paulus erzählen, die mir selbst Mut gemacht haben.

Rollentausch

Samuel kam irgendwie – kaum einer weiß heute mehr genau, wie – in unsere Gemeinde. Er war aus Armenien geflohen und hatte sich Deutschland als Ziel seiner Flucht ausgesucht, weil einer seiner Söhne bereits hier lebte. Als unsere Gemeinde mitbekam, wie schwierig für ihn die rechtlichen Schritte zu einer Anerkennung als Asylant waren, machten wir uns für ihn stark, halfen ihm bei den Anträgen und auf den Ämtern, gaben für ihn Erklärungen ab, verfassten Petitionen, suchten eine Wohnung für ihn und stellten ihn schließlich mit einem kleinen Stundenkontingent für praktische Arbeiten rund um das Kirchgebäude an.

Im Laufe der Zeit lernte Samuel einiges an Deutsch, und man sah ihn eine Weile ständig mit Kopfhörern herumlaufen und Deutschlektionen vor sich hinmurmeln. Zwischendurch fragte er uns Mitchristen nach Worten, die ihm trotzdem rätselhaft blieben, und wir gaben uns alle Mühe, ihn beim Spracherwerb zu unterstützen. Irgendwann hatte ich aber das Gefühl, dass da eigentlich eine Schieflage bestand. Integrationswillig wie er war, musste er sich – so meinte ich es fühlen zu können – als der immer Unterlegene vorkommen. Alle konnten Deutsch, nur er nicht. Er musste eine komplizierte Grammatik und neue Wörter lernen, die anderen kannten sie alle schon.

Also fing ich an, den Spieß umzudrehen. Ich fragte Samuel nach den armenischen Übersetzungen von deutschen Wörtern und Ausdrücken und machte mich damit zu einem ebenso Lernenden, wie er es war. Zum Beispiel brachte er mir die armenische Übersetzung des Friedensgrußes bei, den wir einander an jedem Sonntag während der Abendmahlsfeier zusprechen: »Khaghaghutyun ent kez« kann ich jetzt zu ihm sagen, »Friede sei mit dir«. Oder ich lernte bei ihm den armenischen Ostergruß, um ihm den in der Osternacht zurufen zu können: »Krisdos haryav i merelots« – »Christus ist auferstanden«. Ich glaube, es hat ihm gutgetan, auch mal der Lehrende zu sein, und ich kann seine Dankbarkeit sehr deutlich spüren: Wenn Samuel mich sonntags umarmt, meine ich jedes Mal meine Rippen knacken zu hören.

Die Speichen und die Nabe

Ein Beispiel für gegenseitige Annahme ist auch die Künstlergemeinschaft DAS RAD, die ich 1979 mitbegründet habe. Hier sind so viele unterschiedliche Denominationen, Kunstsparten, Temperamente und Geschmäcker versammelt, dass man eher Konflikte als Harmonie erwarten würde. Da gibt es Avantgardisten und Traditionalisten, bekannte Namen und Berufsanfänger, Eigenbrötler und Kontaktfreudige. Und doch hat es DAS RAD über die Jahre geschafft, zu einer Gemeinschaft zu werden, in der Unterschiede nicht weggebügelt werden, sondern die die Vielfalt als Bereicherung empfindet.

Musiker treffen Schauspieler, Tänzer reden mit Grafikern, Schriftsteller befragen Architekten, und was sie eint, ist allein der christliche Glaube und der Wunsch, diesen Glauben mit dem künstlerischen Beruf in Einklang zu bringen. Es gibt eine Menge fachlicher Vereinigungen und Interessenvertretungen von Künstlern, aber DAS RAD ist im deutschen Sprachraum einmalig, weil es gerade die Begegnung zwischen den Künsten zum Programm macht.

Aus welchem gemeindlichen Hintergrund jemand kommt, ist dabei ganz entschieden zweitrangig. Die Mitglieder sollten zu Hause einer Gemeinde angehören und in ihr mitarbeiten (denn DAS RAD versteht sich ausdrücklich nicht als Gemeinde oder Gemeindeersatz), aber während der Jahrestagungen weiß kaum jemand der mittlerweile 250 Teilnehmer, welcher Kirche oder Freikirche die anderen angehören. Wichtig ist die Mitte, die Nabe des Rades, und die ist Jesus Christus. Je näher die einzelnen Speichen an Christus sind, desto näher sind sie auch aneinander.

Abgesehen von den vielen gemeinsamen Projekten,

die im Laufe eines Jahres zwischen Bildhauern, Musikern, Journalisten und Malern entstehen, sind es die großen Tagungen über das Fastnachtswochenende, bei denen gemeinsam intensiv nachgedacht, in Fachgruppen diskutiert und ausgelassen gefeiert wird. Und der absolute Höhepunkt dieser Tagungen ist immer der Abschlussgottesdienst, in dem alle kreativen Energien, alle Glaubensfreude und aller Zweifel, alle persönlichen Gipfel und dunklen Täler, alle alten Glaubenstraditionen und neuen Glaubensaufbrüche zusammenfließen. Da lesen Schauspieler Bibeltexte, da stellen Tänzerinnen Begeisterung und Verzweiflung dar, da laden Malerinnen mit ihren Bildern zum Gebet ein und Instrumentalisten und Sänger lassen das Kyrie ins Gloria münden. Von der leisen Klage bis zum lauten Jubel, vom lebhaften gemeinsamen Gesang bis zur andächtigen Stille beim Abendmahl steht nur noch Christus in der Mitte des RADes – nicht als kleinster gemeinsamer Nenner, sondern als größter gemeinsamer Herr. Zu Gottes Lob.

Erste, zweite, dritte Zähne

In unserer Gemeinde haben wir vor Jahren nach einer längeren Zeit der Selbstbeobachtung, des Gebetes und des Nachdenkens vier Gemeindeziele formuliert, die für die nächste Zukunft gedacht waren. Eines davon hieß »Mit Generationen leben«. Beim sonntäglichen Gottesdienst praktizieren wir dieses Miteinander bewusst, indem die Kinder bis zur Predigt in der Kirche bleiben, bevor sie in einem eigenen kleinen Programmpunkt, der »Kindersendung«, in ihre Kindergottesdienst- und Jugendgottesdienstgruppen geschickt werden. Nach der Predigt kommen sie wieder in die große Kirche, und Alte und Junge feiern zusammen Abendmahl.

Klar, dass das gegenseitige Rücksichtnahme erfordert. Wenn Kinder plötzlich unbekümmert ihren Schmerz hörbar machen, weil es halt wehtut, wenn die ersten Zähne kommen, stört das gelegentlich die mit den zweiten und den dritten Zähnen. Aber sollen wir deshalb die Kinder während des Gottesdienstes unter Quarantäne stellen? Zornige, strafende oder genervte Blicke vonseiten der Älteren sind ein unfehlbares Mittel, um Eltern mit kleinen Kindern die Teilnahme am Gottesdienst zu verleiden. Das muss aber nicht so sein. Im Laufe der Zeit sind viele junge Familien in unserer Gemeinde heimisch geworden, weil sie das Gefühl hatten, hier nicht unter ständiger kritischer Beobachtung zu stehen.

Es sind ja nicht nur die Großen, die hier manche Erwartungen und Gewohnheiten opfern müssen. Auch die Kinder und Jugendlichen, für die die konzentrierte Teilnahme am Gottesdienst nicht ohne Weiteres die sonntägliche Lieblingsbeschäftigung ist, bringen Opfer. Längere Zeit schweigend an einem Ort sitzen zu bleiben, ist eine schwierige Lektion – eine viel schwierigere, als sich viele Ältere das ausmalen können –, und dass die phasenweise gelingt, ist eigentlich ein gelegentliches Lob wert. Als Gemeinde mit verschiedenen Generationen zu leben, ist überhaupt ein langer Lernprozess. Aber er kann gelingen.

Oder schauen wir noch kurz auf ein anderes Dauerthema vieler Gemeinden: die Musik. Im Gottesdienst unserer Mainzer Auferstehungsgemeinde werden manche Teile der Liturgie gesungen. Manchmal nach gregorianischen Melodien, manchmal in den Formen von Taizé oder mit Liedern, die musikalisch mehr aus dem Popbereich stammen. Dass die verschiedenen Musikgeschmäcker nicht immer gleichermaßen auf ihre Kosten kommen, liegt in der Natur des Kirchenjahres oder erklärt sich daraus, welche der ehrenamtlichen Musiker gerade Dienst haben.

Die Jugendlichen stöhnen manchmal über die schwierigen Psalmtöne, nach denen der Sonntagspsalm gesungen wird, oder über die stellenweise Unverständlichkeit von Choraltexten aus dem 17. Jahrhundert. Die Senioren auf der anderen Seite haben Schwierigkeiten, wenn eine Band spielt – und zwar ebenfalls wegen der Unverständlichkeit der Texte (wenn die Leute am Mischpult einen schlechten Tag haben oder keine Übersetzung von englischen Texten geliefert wird). Wir haben uns aber klar dafür entschieden, nicht verschiedene Parallelgottesdienste abzuhalten, sondern trotz aller Unterschiedlichkeit gemeinsam zu feiern. Das bedeutet natürlich den Verzicht auf einen unablässigen Schlagabtausch mit Hieben und Konterhaken. Das bedeutet mehr Hören aufeinander und Reden miteinander, damit sich so etwas entwickelt wie der gute alte Kontrapunkt – eine harmonische Verflechtung von eigenständigen Melodien.

Eine Sternstunde habe ich erlebt, als ich in meiner damaligen Eigenschaft als Kirchenvorsteher vom Seniorenkreis zum Gespräch eingeladen wurde. Ich erzählte, was in der Gemeindeleitung alles anlag, was wir schon auf den Weg gebracht und was wir erst noch in Planung hatten. Zum Schluss fragte ich in die Runde, ob es denn irgendwelche Anliegen gäbe, die ich dem Kirchenvorstand weitergeben solle. Ja, sie habe da ein Problem, meinte eine Seniorin. Wenn die CVJM-Band spiele, sei der Text oft schwer zu verstehen, und sie würde doch gern mitverfolgen, worum es in den Liedern gehe. Ich habe ihr dann erklärt, dass das zum großen Teil ein technisches Problem sei – dass die Band keine eigene Verstärkeranlage besitze und dass die fest installierte Anlage in der Kirche nicht auf die Musik einer Band ausgelegt sei. Ach so, sagte eine andere aus dem Kreis. Das leuchte ihr ein, aber dann müsse doch am besten die Band eine eigene Lautsprecheranlage haben. Und sie schlug spontan vor, dass die Senioren der Gemeinde eine Sammlung durchführen könnten. Dabei würde sicher mindestens ein Lautsprecher für die Band herausspringen. So geschah es, und statt bloßer Klagen von einer Seite endete das Unternehmen in einer fröhlichen, liebevollen Kooperation.

Tatsächlich: Wenn die Worte der Jahreslosung in unserem Land zu Taten werden, wird sich das in unseren Gemeinden, unseren Familien, unseren Nachbarschaften und Betrieben spüren lassen. Die Starken in ihrer tatsächlichen oder auch nur empfundenen Stärke werden beginnen, die tatsächlich Schwachen und die nur für schwach Gehaltenen anzunehmen. Die Schwachen ihrerseits werden die Starken annehmen – auch wenn sie sich selbst nur schwach und begrenzt fühlen und die andere Seite irrigerweise für übermächtig halten. Der Satz des Paulus hat eine Menge Sprengkraft für verkrustete Strukturen in Gemeinden und darüber hinaus.

Wenn wir einander wirklich so annehmen, wie Jesus uns angenommen hat, wird das auch Konsequenzen für das wechselseitige Verhältnis von Kirchen, Freikirchen, Denominationen und Konfessionen haben – und damit für das Zeugnis von Christen in der Welt. Jesus bezeichnete die Liebe untereinander als die überzeugendste Botschaft an eine noch nicht glaubende Menschheit: »Ein neues Gebot gebe ich euch, dass ihr euch untereinander liebt, wie ich euch geliebt habe, damit auch ihr einander lieb habt. Daran wird jedermann erkennen, dass ihr meine Jünger seid, wenn ihr Liebe untereinander habt« (Johannes 13,35).

Aber sicher

Dass wir dir folgen, Jesus, ist vielleicht zu hören,
wenn unser Mund von deinen großen Taten spricht
und wenn wir anderen den Weg zu dir erklären
und ihnen sagen, wie man lebt in deinem Licht.

Aber sicher, aber sicher
wird man erst erkennen, wer du für uns bist,
wenn die Liebe, wenn die Liebe,
mit der du uns liebst, auch unsre Liebe ist.

Dass wir zu dir gehören, mögen Menschen ahnen,
wenn wir die Schöpfung schützen, die wir um uns
    sehn,
und wenn wir uns und diese ganze Welt ermahnen,
mit deinen Wunderwerken sorgsam umzugehn.

Aber sicher, aber sicher
wird man erst erkennen, wer du für uns bist,
wenn die Liebe, wenn die Liebe,
mit der du uns liebst, auch unsre Liebe ist.

Dass wir auf deinem Wege sind, das mag man spüren,
wenn wir nach deinen Worten handeln Tag und Nacht,
wenn uns das Unrecht und die Not der Welt berühren
und wenn wir tun, was diese Welt gerechter macht.

Aber sicher, aber sicher
wird man erst erkennen, wer du für uns bist,
wenn die Liebe, wenn die Liebe,
mit der du uns liebst, auch unsre Liebe ist.

Quellenhinweise

S. 10:   Köberle, *Biblischer Realismus* 51.

S. 10:   Eckstein, *Himmlisch menschlich* 49.

S. 10–11:   Lacohen, *Ratlos war der Rabbi nie* 47.

S. 13–14:   Lelord, *Der ganz normale Wahnsinn* 19.

S. 15:   von Kempen, *Herzensweisheit* 101.

S. 16   Lewis, *Dienstanweisung für einen Unterteufel* 20.

S. 17:   Seiß, *Verhaltensforschung und Konfliktgeschehen* 13–32.

S. 19–20:   Claudius, »Impetus Philosophicus« 579–80.

S. 26–27:   de Boor, *Der Brief an die Römer* 351–57.

S. 28–29:   Lüthi, *Der Römerbrief* 279.

S. 29:   Luther, »Predigt vom 4.12.1530« 321.

S. 31–32:   Vollmer, *Nichts kann uns scheiden von der Liebe Gottes* 168–69.

S: 39:   Luther, »Eine andere Predigt« 105.

S. 40–41:   Veeser, *Mit psychisch kranken Menschen in Beziehung sein* 156.

S. 41:   Veeser, *Mit psychisch kranken Menschen in Beziehung sein* 156.

S. 47:   Weinzierl, »Nachwort« 1541.

S. 48–49:   Siebald, »Jeder fragt dich, wie es geht«, CD *Nicht vergessen*.

S. 49–50:   Quoist, *Zwischen Mensch und Gott* 156–57.

S. 50:   Chapman, *Die fünf Sprachen der Mitarbeitermotivation* 310.

S. 58: Kennedy, »Yale University Commencement.«

S. 71–72: Siebald, »Wer dich verachtet«, CD *Höchste Zeit*.

S. 74: Tersteegen, *In Gottes Gegenwart* 115.

S. 74: King, »An Experiment in Love« 19.

S. 74–76: Wink, *Jesus and Nonviolence* 64–66.

S. 85–86: King, *The Trumpet of Conscience* 29.

S. 86–87: Siebald, »Gut, dass wir einander haben«, CD *VON WEGEN*.

S. 95: Chapman, *Die fünf Sprachen der Mitarbeitermotivation* 93.

S. 100–101: Lee, *Wer die Nachtigall stört* Kap. 15.

S. 101: Lee, *Wer die Nachtigall stört* Kap. 3.

S. 110: King, »The Three Dimensions« 139.

S. 107–108: Siebald, »Reich dir die Hand«, CD *VON WEGEN*.

S. 118–119: Siebald, »Siehste, Elvira«, CD *VON WEGEN*.

S. 122–123: Nouwen, *Du schenkst mir Flügel* 104.

S. 123: Nouwen, *Du schenkst mir Flügel* 103.

S. 124–125: Siebald, »Wenn wir Gott in der Höhe ehren«, CD *Was die Engel uns sagen*.

S. 125: Berger, *Kommentar zum Neuen Testament* 561.

S. 126: Lewis, *Dienstanweisung für einen Unterteufel* 78.

S. 135: Siebald, »Aber sicher«, CD *Aber sicher*.

Literaturverzeichnis

Barth, Karl. *Kurze Erklärung des Römerbriefs*. München: Siebenstern, 1967.

Berger, Klaus. *Kommentar zum Neuen Testament*. Gütersloh: Gütersloher Verlagshaus, 2011.

Cesare, Ingo. »Enttäuschung.« *Wer ist mein Nächster? 70 Autoren antworten auf eine zeitgemäße Frage*. Hg. Inge Meidinger-Geise. Freiburg: Herder, 1977. 27.

Chapman, Gary, und Paul White. *Die fünf Sprachen der Mitarbeitermotivation*. Übs. Wolfgang Günter. Marburg: Francke, 2011.

Chopin, Kate. »Désirée's Baby.« *Bayou Folk and A Night in Acadie*. New York: Penguin, 1999. 81–86.

Claudius, Matthias. »Impetus Philosophicus.« *Sämtliche Werke*. Hg. Hannsludwig Geiger. Wiesbaden: Vollmer, o.J. 579–81.

de Boor, Werner. *Der Brief an die Römer*. Wuppertaler Studienbibel. Wuppertal: R. Brockhaus, 1962.

Eckstein, Hans-Joachim. *Himmlisch menschlich: Von der Stärke der Schwachheit*. Holzgerlingen: SCM Hänssler, 2006.

Holladay, Tom. *The Relationship Principles of Jesus*. Grand Rapids, MI: Zondervan, 2008.

Kennedy, John F. »Yale University Commencement.« http://millercenter.org/president/speeches/detail/3370 (aufgerufen am 28.4.14).

King, Dr. Martin Luther Jr. *The Trumpet of Conscience*. New York: Harper and Row, 1968.

---. »An Experiment in Love.« *A Testament of Hope: The Essential Writings and Speeches of Dr. Martin Luther King, Jr.* Hg. James Melvin Washington. San Francisco: HarperSanFrancisco, 1986. 16–20.

---. »The Three Dimensions of a Complete Life.« *A Knock at Midnight.* Hg. Clayborne Carson und Peter Holloran. New York: Warner Books, 1998. 121–140.

Köberle, Adolf. *Biblischer Realismus: Beiträge zum Universalismus der christlichen Botschaft.* Wuppertal: R. Brockhaus, 1972.

Lacohen, Rabbi Shmuel Avidor, Hg. *Ratlos war der Rabbi nie: Chassidischer Humor.* Übs. Friedrich Thomas Merkel. Gütersloh: Gütersloher Verlagshaus Gerd Mohn, 1981.

Lee, Harper. *To Kill a Mockingbird.* 1960. London: Vintage, 2000.

Lelord, François, und Christophe André. *Der ganz normale Wahnsinn: Vom Umgang mit schwierigen Menschen.* Übs. Rolf Pannowitsch. 13. Aufl. Berlin: Aufbau, 2013.

Lewis, Clive Staples. *Dienstanweisung für einen Unterteufel.* Übs. Christian Rendel. Moers: Brendow, 1995.

Luther, Martin. »Eine andere Predigt am sechsten Sonntage nach Trinitatis. Matth 5:20-26.« *Dr. Martin Luther's sämmtliche Werke.* Dreizehnter Band. Erlangen: Carl Heyder, 1828. Zitiert nach *Was protestantisch ist: Große Texte aus 500 Jahren.* Hg. Friedrich Schorlemmer. 2. Auflage. Freiburg: Herder, 2009. 105.

---. »Predigt vom 4.12.1530.« *Luthers Epistel-Auslegung.* Bd. 1. Hg. Eduard Ellwein. Göttingen: Vandenhoeck und Ruprecht, 1963. 318–321.

Lüthi, Walter. *Der Römerbrief ausgelegt für die Gemeinde.* Basel: Reinhardt, 1955.

Malamud, Bernard. »Take Pity.« *The Magic Barrel.* New York: Farrar, Straus, 1976. 82-90.

Nouwen, Henri. *Du schenkst mir Flügel: Gedanken der Hoffnung.* Hg. Timothy Jones. Übs. Antje Balters. Asslar: adeo, 2011.

Quoist, Michel. *Zwischen Mensch und Gott.* Graz: Styria, 1960.

Ruthe, Reinhold. *Typen und Temperamente: Die vier Persönlichkeitsstrukturen.* 8. Aufl. Brendow: Moers, 2011.

Seiß, Rudolf. *Verhaltensforschung und Konfliktgeschehen: Eine biologisch-psychologische Studie.* München: Ernst Reinhardt, 1969.

Sheldon, Charles M. *In His Steps.* Westwood, NJ: Revell, 1963.

Siebald, Manfred. »Aber sicher.« *Aber sicher.* SCM Hänssler, 2008. CD.

---. »Gut, dass wir einander haben.« *VON WEGEN.* SCM Hänssler, 2008. CD.

---. »Jeder fragt dich, wie es geht.« *Nicht vergessen.* SCM Hänssler, 1998. CD.

---. »Reich dir die Hand.« *VON WEGEN.* SCM Hänssler, 1991. CD.

---. »Siehste, Elvira.« *VON WEGEN.* SCM Hänssler, 1991. CD.

---. »Wenn wir Gott in der Höhe ehren.« *Was die Engel uns sagen.* SCM Hänssler, 2000. CD.

---. »Wer dich verachtet.« *Höchste Zeit.* SCM Hänssler, 2013. CD.

Tersteegen, Gerhard. *In Gottes Gegenwart: Gedanken zum geistlichen Leben*. Hg. Thomas Baumann. Schwarzenfeld: Neufeld, 2011.

Veeser, Wilfried. *Mit psychisch kranken Menschen in Beziehung sein*. Holzgerlingen: SCM Hänssler, 2013.

Vollmer, Klaus. *Nichts kann uns scheiden von der Liebe Gottes: Glaubenskurs Römerbrief*. Wuppertal: R. Brockhaus, 1985.

von Kempen, Thomas. *Herzensweisheit:* De imitatione Christi *in der Sprache unserer Zeit*. Hg. und übs. Thomas Lardon. Berlin: Lardon Media, 2004.

Weinzierl, Ulrich. »Nachwort.« Egon Friedell. *Kulturgeschichte der Neuzeit: Die Krisis der europäischen Seele von der schwarzen Pest bis zum Ersten Weltkrieg*. München: Beck, 2007.

Wink, Walter. *Jesus and Nonviolence: A Third Way*. Minneapolis: Fortress, 2003.